LODEWIJK NAPOLEON

Lodewijk Napoleon Aan het hof van onze eerste koning, 1806-1810

redactie Paul Rem en George Sanders

Walburg Pers

Deze publicatie verscheen ter gelegenheid van de tentoonstelling *Lodewijk Napoleon. Aan het hof van onze eerste koning, 1806-1810* in Paleis Het Loo Nationaal Museum van 14 oktober 2006 tot en met 21 januari 2007.

Eindredactie: A.D. Renting
Lijst van tentoongestelde werken: Paul Rem
Fotodocumentatie: Marijke Wagtho

Omslagafbeelding en frontispice: zie cat.nr. 19

Omslagontwerp: Design is everything, Jhartho Kempink, Arnhem
Ontwerp binnenwerk: Zijwit [SvR], Rotterdam
ISBN 90.5730.455.4 (genaaid gebrocheerde editie)
ISBN 90.5730.465.1 (genaaid gebonden luxe editie)
NUR 681

De tentoonstelling en deze publicatie zijn mede mogelijk gemaakt dankzij:

ERNST & YOUNG
EURONEXT
GEMEENTE APELDOORN
STICHTING DAENDELS

Inhoudsopgave

Woord vooraf

In 1806, dit jaar precies twee eeuwen geleden, benoemde keizer Napoleon een van zijn broers, Louis Bonaparte, tot koning van Holland. Hoewel Lodewijk Napoleon, zoals hij hier genoemd werd, deze functie slechts vier jaar heeft vervuld, is zijn kortstondige koningschap bepaald niet onopgemerkt voorbij gegaan. Niet alleen heeft hij de basis gelegd voor onze huidige staatsvorm als monarchie, maar ook hebben verschillende initiatieven van Lodewijk Napoleon blijvende gevolgen gehad. Zo is bijvoorbeeld de Koninklijke Nederlandse Academie van Wetenschappen op zijn instigatie ontstaan. Het predikaat 'koninklijk' werd door hem ingesteld en vanaf 1807 verleend. Lodewijk Napoleon benoemde een 'architect des konings', in zijn functie de voorganger van de huidige Rijksbouwmeester. Verder vindt het kadaster zijn oorsprong in het op Frankrijk georiënteerde landsbestuur, dat allerlei ingrijpende veranderingen heeft doorgevoerd, bijvoorbeeld in de wetgeving. Herhaaldelijk heeft Lodewijk Napoleon er blijk van gegeven hoezeer hij zich met Nederland verbonden voelde en hoezeer het welzijn van de bevolking hem ter harte ging.

Op verschillende plaatsen in het koninkrijk liet Lodewijk Napoleon bestaande of nieuwe paleizen inrichten naar de smaak van zijn tijd. Het meest opmerkelijk is zijn besluit om het indrukwekkende stadhuis van Amsterdam tot een nationaal paleis te bestemmen. Ook de ingrijpende verbouwing van zijn favoriete zomerresidentie Paleis Het Loo, waaromheen een landschapspark werd aangelegd ter vervanging van de in verval geraakte formele tuin, mag in dit verband niet onvermeld blijven. Om een bij een koninklijke status passende inrichting van zijn paleizen te kunnen realiseren, werden objecten van de belangrijkste Franse ontwerpers en uitvoerende kunstenaars naar ons land overgebracht. Maar ook Nederlandse producenten werden via bestellingen door het hof en door het instellen van nijverheidstentoonstellingen gestimuleerd tot modernisering en kwaliteitsverbetering.

Met een tentoonstelling in Paleis Het Loo wordt vanuit verschillende invalshoeken een indruk gegeven van de hofcultuur ten tijde van Lodewijk Napoleon. Het stemt tot grote dankbaarheid, dat Hare Majesteit de Koningin ons toestemming heeft verleend om in deze presentatie een aantal zeer bijzondere meubelen, klokken en andere objecten uit haar paleizen op te nemen, waarvan kon worden vastgesteld dat zij door koning Lodewijk Napoleon zijn aangekocht. Ook de musea, archieven en particuliere eigenaren in Nederland en Frankrijk, die bruiklenen ter beschikking hebben gesteld, ben ik zeer erkentelijk voor hun medewerking.

Dat deze omvangrijke tentoonstelling kon worden gerealiseerd, is in hoge mate te danken aan de genereuze steun van enkele sponsors, die elders in deze publicatie worden vermeld. Ook alle hulde aan de auteurs, die de resultaten van het door hen uitgevoerde onderzoek hebben vastgelegd in de inleidende hoofdstukken en het catalogusgedeelte van deze publicatie, die dankzij de goede zorgen van de Walburg Pers in deze vorm kon worden uitgegeven.

Ik waardeer het zeer, dat de betekenis van koning Lodewijk Napoleon ook onder de aandacht van het Franse publiek zal worden gebracht via een enigszins aangepaste versie van de tentoonstelling in het Institut Néerlandais te Parijs gedurende de herfst van 2007. Met het oog daarop zal ook een Franstalige editie van dit boek verschijnen.

Dr. Joh.R. ter Molen
Directeur Paleis Het Loo

Frans Grijzenhout

Lodewijk Napoleon: beeld en zelfbeeld

In het najaar van 1944 voltooide de historicus Pieter Geyl zijn boek *Napoleon. Voor en tegen in de Franse geschiedschrijving*. Geyl was begonnen aan zijn studie van het beeld van Napoleon in de Franse geschiedschrijving in het voorjaar van 1940, 'toen het mij moeilijk viel aan mijn eigenlijke werk te blijven', zoals hij onderkoeld in de voorrede op het boek schrijft. Geyl was zich volledig bewust van het feit dat zijn belangstelling voor Napoleon als historisch fenomeen mede gewekt was door de opkomst van Hitler. En ook was hij zich bewust van het feit dat een historische vergelijking tussen twee verschijnselen, gebeurtenissen of personen altijd mank gaat. Instemmend citeert hij Churchill, die in het Engelse Lagerhuis gezegd zou hebben: 'I always hate to compare Hitler with Napoleon […], but…' Ook Geyl kon het niet nalaten op deze retorische introductie het woord 'maar' te laten volgen en zich alsnog in een vergelijking te begeven, de schim van Napoleon daarbij overigens meteen om vergiffenis vragend. Het was Geyl echter werkelijk niet zozeer om de parallel te doen. Hij was gefascineerd geraakt door Napoleon als historische persoonlijkheid én door de kracht en de brille van de Franse geschiedschrijving over hem, voor of tegen. En anders dan Jan Romein, die kort daarvoor in zijn inaugurele oratie had verzucht dat het beeld van de Nederlandse Opstand was vergruisd tot een veelheid aan meningen en waarderingen, meende Geyl dat het niet anders kon dan dat over zo'n controversieel iemand als Napoleon heel uiteenlopend werd gedacht. Geyls boek – in Nederland uitgegeven in 1946 en spoedig daarna ook in Engeland en de Verenigde Staten uitgebracht – geeft vervolgens een tot op de dag van vandaag zeer leesbaar overzicht van de waardering voor Napoleon in de Franse historiografie sinds 1815.[1] Wat afstandelijker formulerend spreekt ook de historicus Jacob Presser in de inleiding op zijn eveneens in 1946 verschenen monografie *Napoleon. Historie en legende* van de evenwijdigheid tussen de historische Napoleon en 'de Napoleons van thans'. Presser was het er vooral om te doen om 'de legende Napoleon' te ontmythologiseren.[2]

Het is achteraf gezien buitengewoon jammer dat de krachtige en waardevolle impulsen die Geyl en Presser hebben gegeven aan de studie van Napoleon in Nederland tot stand zijn gekomen onder het gesternte van de Tweede Wereldoorlog. Waarschijnlijk – en deze tekst levert daar ook weer een bijdrage aan – zullen hun studies voor altijd met die omstandigheden geassocieerd worden. Dat geldt niet voor het baanbrekende werk dat H.Th. Colenbrander aan het begin van de twintigste eeuw had verricht met zijn uitvoerige bronnenpublicaties met betrekking tot de patriottentijd (1780-1787), de Bataafsche Republiek (1795-1806), het koningschap van Lodewijk Napoleon (1806-1810) en Nederland als onderdeel van het Franse keizerrijk (1810-1813).[3] Toch heeft ook Colenbrander niet kunnen verhinderen dat 'de Franse tijd' in Nederland al te gemakkelijk werd en wordt geassocieerd met de jaren van de Duitse bezetting. Het anti-orangistische element dat in de jaren 1780-1813 in de Nederlandse geschiedenis een manifeste rol speelde, heeft uiteraard ook niet bijgedragen aan een grote populariteit van deze periode. Eigenlijk is pas sinds de tweehonderdjarige herdenking in 1987 van de patriottentijd sprake van een fundamentele kentering in die houding.

Geyl en Presser stonden beiden kritisch ten opzichte van Napoleon, ondanks de bewondering die zij hadden voor allerlei aspecten van zijn persoonlijkheid en leiderschap. Maar er waren onder Nederlandse intellectuelen en hoge ambtenaren ook regelrechte bewonderaars van de keizer. Enkelen van hen verenigden zich in het Genootschap van Napoleontische Studiën, dat vanaf 1951 een respectabele serie wetenschappelijke publicaties uitbracht. In de inleiding op de eerste uitgave zette de voorzitter van het Genootschap, dr K.J. Frederiks, meteen de toon: 'De figuur van Napoleon laat zich zo moeilijk benaderen, als de sneeuwtoppen van de bergreuzen van de Himalaya, schitterend in het zonlicht.' Frederiks sprak van Napoleons 'adelaarsvlucht', van het 'mysterie' dat zijn wezen omgeeft, van zijn staatkundig bouwmeesterschap, zich bewust van het verschijnsel dat Napoleon voor de één een halfgod is, voor de ander de verpersoonlijking van de anti-christ.'[4] In dit gezelschap lijkt Pressers manhaftige poging tot ontmythologisering van de kleine korporaal op het eerste gezicht weinig effect te hebben gehad. Ondanks het element van hagiografie dat in het sociale bestaan van het Genootschap van Napoleontische Studiën een evidente rol heeft gespeeld, zijn de meeste wetenschappelijke bijdragen in de publicaties van dit Genootschap echter van een onverdachte soort en van hoog niveau. In deze context vinden we ook de vroegste serieuze publicaties over de betekenis van Lodewijk Napoleon. Opvallend genoeg is de eerste bijdrage in de Publicaties er zelfs één over 'de zorg voor kunsten en wetenschappen onder Lodewijk Napoleon', geschreven door de directeur van de Koninklijke Bibliotheek in Den Haag, L. Brummel.[5] Ook andere bijdragen, zoals Lunsingh Scheurleers artikel over de inrichting van het Paleis op de Dam onder Lodewijk Napoleon en Van Luttervelts bespreking van de herinneringen aan de Bonapartes in het Rijksmuseum, staan nog steeds overeind als kunsthistorische monumenten.[6] Afgezien van een sterke militair-historische belangstelling tekent zich in de publicaties van het Genootschap sowieso een duidelijke voorkeur af voor de culturele aspecten van het bewind van zowel de keizer als diens broer, de eerste koning van ons land. De dood in 1961 van de oprichter, de eerder genoemde Frederiks, heeft stellig bijgedragen aan het verloop van het Genootschap. Nog slechts twee katernen van de publicaties konden verschijnen en in 1968 staakte het bestuur van het inmiddels sterk vergrijsde gezelschap zijn activiteiten.

Herwaardering

In het klimaat van herwaardering van de verdiensten van Lodewijk Napoleon kon in 1959 ook de eerste tentoonstelling aan hem en zijn hof in Nederland worden gewijd: *Lodewijk Napoleon en het koninkrijk Holland* in het Amsterdamse Rijksmuseum. Brummel schreef een beknopte, zeer leesbare en informatieve inleiding op de catalogus; de tentoonstelling zelf was grotendeels georganiseerd door de eerder genoemde Th. H. Lunsingh Scheurleer, hoofd van de afdeling Beeldhouwkunst en Kunstnijverheid van het museum, en R. van Luttervelt, hoofd van de Historische Afdeling. De tentoonstelling bood aan de hand van schilderijen, gravures, penningen en een grote hoeveelheid voorwerpen van kunstnijverheid een evenwichtig overzicht van het persoonlijke en openbare leven van Lodewijk Napoleon, de politieke ontwikkelingen, het hofleven en de door hem gestimuleerde instituties. Binnen de tentoonstelling was ruime aandacht voor de empire-stijl, waarbij opvalt dat bruiklenen van de kant van het Koninklijk Huis, de beheerder van het door Lodewijk Napoleon bij zijn vertrek in 1810 achtergelaten schitterende empire-meubilair in het Paleis op de Dam, geheel ontbraken. Ook belangrijke stukken met betrekking tot Lodewijk Napoleon en zijn hof die bewaard worden in het Koninklijk Huisarchief, zoekt men tevergeefs in de catalogus van de tentoonstelling. Dit heeft niet kunnen verhinderen dat de tentoonstelling een grote impuls heeft gegeven aan het onderzoek naar de empirestijl in Nederland. Met de tentoonstelling *Empire in het Paleis. De inrichting van het Paleis op de Dam te tijde van Lodewijk Napoleon* in 1983, gehouden in het Paleis op de Dam zelf, is de omissie van 1959 overigens ruimschoots goed gemaakt.

De tentoonstelling van 1959 kwam blijkens de inleidende woorden van de directeur van het museum, D.C. Röell, voort uit de herdenking een jaar eerder van het 'feit […] dat het Rijksmuseum 150 jaar geleden door koning Lodewijk Napoleon was gesticht.'[7] Die toeschrijving van de stichting van het museum aan de koning is een typerend voorbeeld van de manier waarop diens verdiensten werden en worden beschouwd. Het Rijksmuseum is immers niet gesticht door Lodewijk Napoleon. Hij heeft er wel voor gezorgd dat de in 1798 door de Nationale Vergadering opgerichte en in mei 1800 op het Huis ten Bosch bij Den Haag geopende Nationale Konst-gallerij in 1808 naar het Paleis op de Dam in Amsterdam, de aangewezen hoofdstad van zijn koninkrijk, werd overgebracht en daar als Koninklijk Museum aan een tweede fase in zijn lange bestaan begon. Ook valt misschien aan zijn visie en invloed toe te schrijven dat het museum sindsdien een koers ging varen die meer gericht was op het verzamelen van de Nederlandse schilderkunst van de Gouden Eeuw en op de stimulering van eigentijdse Nederlandse kunstenaars en naar verhouding wat minder op de vaderlandse geschiedenis.[8] Brummel zei het in zijn inleiding al met de nodige nuances: 'Van de huidige Nederlandse instituten op het gebied van kunst en wetenschap danken verschillende hun ontstaan aan Lodewijk Napoleon, terwijl enkele der grootste onder zijn regering de status hebben gekregen en tot een ontwikkeling zijn gebracht, die hun huidige plaats in het nationale culturele leven bepalen.'[9] Als directeur van de Koninklijke Bibliotheek wist hij heel goed dat voor zijn instelling min of meer hetzelfde gold als voor het Rijksmuseum: ook de Nationale Bibliotheek was immers al in de tijd van de Bataafse Republiek opgericht. In een alleszins goed bedoelde neiging om de verdiensten van de koning naar voren te brengen en te verdedigen tegen onterechte verwaarlozing of kritiek slaat de wijzer wel eens door naar al even onterechte overdrijving.

Een ramp als bindmiddel
Dat proces van vergeten, negeren, ja zelfs belachelijk maken van de rol van Lodewijk Napoleon enerzijds en het herontdekken, herwaarderen en soms overdreven prijzen van zijn persoon anderzijds is al begonnen in de jaren van zijn koningschap zelf en in de periode ogenblikkelijk daarna. Hoewel de Republiek der Verenigde Nederlanden in haar bestaan ook de nodige lofprijzingen van binnen- en buitenlanders heeft weten te genereren, zullen de inwoners van het in 1806 opgerichte koninkrijk Holland hebben moeten wennen aan de georganiseerde lof die voortdurend over de koning werd uitgestrooid [1].

Daartegenover werd besmuikt gelachen om de pogingen van de koning om Nederlands te leren spreken ('konijn van Holland') en durfde men pas na het vertrek van de Fransen in 1813 openlijk zijn persoon te ridiculiseren.[10]

Het was echter vooral de reactie van de koning op de buskruitramp te Leiden die de tijdgenoot tot euforie bracht. Zoals bekend ontplofte in de vroege ochtend van 12 januari 1807 een met kruit beladen schip, dat illegaal was aangemeerd aan het Steenschuur aldaar [2]. Het anker van het schip werd later in een weiland buiten Leiden teruggevonden, de klap zou tot in Friesland gehoord zijn. Door de explosie werd een groot deel van de bebouwing langs de gracht weggeslagen en vonden bijna tweehonderd mensen de dood. De koning maakte zich voor de rest van zijn koningschap bijzonder geliefd door drie dagen later de plek des onheils te bezoeken om zich van de situatie persoonlijk op de hoogte te stellen. Hij gaf kortstondig leiding aan het reddingswerk en zou daarbij zelfs met eigen handen hebben geholpen: 'En bergt met eigen hand haar' zuigling van de dood', zoals Willem Bilderdijk het gevoelvol wist uit te drukken.[11] De koning loofde tien dukaten uit voor eenieder die een levende onder het puin vandaan wist te halen, stelde op het Huis ten Bosch ruimte beschikbaar voor een aantal dakloos geworden burgers, schreef een nationale inzameling van 'liefdegiften' uit, reserveerde honderdduizend gulden voor de wederopbouw van het verwoeste stadsdeel en liet daartoe een architectonische prijsvraag uitschrijven.[12]

De ene dichter buitelde nu over de andere pamfletschrijver heen om te getuigen van 'den edelmoedigen Louis Napoleon', die met zijn inspanningen 'den schoonsten en verhevensten eertytel van menschenvriend' verdiende.[13] Het is daarbij opvallend hoe menig auteur aan de ramp van Leiden een nationaal unificerende betekenis toekent, waarin de vorst een cruciale, bemiddelende rol wordt toebedeeld: de schok van Leiden 'heeft deze gantsche Natie met rouw en verbaazing getroffen! [...] Een geheel Volk wedijvert op het Vaderlijk voetspoor van een grootmoedig Vorst, om overal hulp, troost en redding aan te brengen', schreef de raad van Amsterdam

[3] Lodewijk Napoleon in de
door dijkdoorbraken en overstromingen getroffen Betuwe,
februari 1809, Reinier Vinkeles,
naar Hermanus Numan, 1809.
Rijksprentenkabinet, Amsterdam
[cat.nr. 62]

Lodewijk Napoleon: beeld en zelfbeeld

in een oproep aan zijn bevolking tot bijdrage aan de nationale collecte.[14] Zelfs in de kerken, waar her en der nog getwist werd over de vraag of de ramp als een teken van God opgevat diende te worden,[15] werd gesteld dat de verwoesting van de stad 'als eene algemeene ramp' moest worden beschouwd, 'gemeen aan het gansche Vaderland'.[16] Het is misschien een cynische gedachte, maar mogelijk heeft het feit dat deze ramp nu eens niet de allerarmsten trof, maar juist een van de rijkste gedeelten van de stad verwoestte en de dood betekende voor enkele bekende Leidenaren, onder wie de hoogleraren Kluit en Luzac, ervoor gezorgd dat van bovenaf werd opgeroepen tot nationale eenheid en een nadrukkelijk beroep werd gedaan op het gelijkheidsbeginsel. De dichter R.H. Arntzenius, die zelf zijn oudste zoon bij de ramp had verloren en een ander kind (na een slaapje) levend daaronder vandaan gehaald had zien worden, stelde dat de ramp allen gelijk maakte:

> *Thans even arm! en even rijk!*
> *En naakt, als bij uw komst in 't leven*
> *Zijt ge, in 't geen u is bij-gebleven,*
> *Als scheps'len Gods, elkaêr gelijk.*[17]

En boven die door de ramp één gemaakte, één geworden natie stond een vorst van buitenlandse komaf die zich volgens een enkeling zelfs voor het eerst sinds Willem van Oranje mocht tooien met de titel 'vader van 't vaderland.'[18] De grote paradox van het bewind van Lodewijk Napoleon, namelijk die van Frans éénhoofdig gezag met een Nederlandse stem over een jonge natie in verwarring, komt nergens mooier tot uiting dan bij de ramp van Leiden. In dat verband lijkt het bijna logisch dat de verschijning van een werk van Bilderdijk, *De ziekte der geleerden*, door de Leidse hoogleraar Nederlandse taal en letterkunde Matthijs Siegenbeek niet alleen beschouwd

GEVAAR WAAR IN DE KONING ZICH BEVONDT, OP DEN DALEMSCHEN-DYK, DOOR HET
OPKRUIJEN DER YSSCHOTZEN. *(in Louwmaand 1809)*

werd als 'de beslissendste proeve van de kracht, buigzaamheid en den rijkdom onzer schoone en bij ons zelven nog niet gekende moedertaal.' Het werk zou bovendien ten voordele van de getroffen Leidenaren worden gedrukt en verkocht, zodat de 'liefde […] tot Vaderlandsche Kunst […] met gevoel van menschenliefde medewerken' zou. Zo kon ook de moedertaal, één van de belangrijke unificerende krachten van het romantisch nationalisme aan het begin van de negentiende eeuw, moeiteloos worden meegenomen in de curieuze mix van gebeurtenissen en gevoelens in Nederland in de jaren 1806-1810. De lessen in de Nederlandse taal en geschiedenis die de koning genoot bij Willem Bilderdijk getuigen daar al evenzeer van.

Omdat een ongeluk ook in de vroege negentiende eeuw zelden alleen kwam, herhaalde het hierboven beschreven patroon zich bij de watersnood die Zeeland een jaar later in januari 1808 trof en bij de grote overstromingen in het rivierengebied weer een jaar later [3]. Sommige tijdgenoten zagen er een intrinsiek patroon in, getuige een *Dichterlijke uitweiding over den tegenwoordigen watervloed en de verdere ongevallen, die het arme vaderland, gedurende de regeering van zulken menschlievenden koning, elk voorjaar treffen* van de hand van Gerbrand Bruining.[19] Maar wij zien vooral het historisch reactiepatroon van koning, dichters en bevolking op vergelijkbare natuurverschijnselen. Want ook in 1809 weer spoedde Lodewijk Napoleon zich met gevaar voor eigen leven naar het rampgebied en stond de dichter stil bij die eigenaardige tegenstelling tussen de oer-Hollandse ramp van de overstroming, de eigenlijke nationaliteit van de koning en diens vaderlandse imborst: 'Van Neêrlands aart in 't hart onfeilbaar overtuigd', want ''t is van LODEWIJK, dat HOLLANDS redding wacht!'[20] De tragiek van Lodewijk Napoleon was vooral dat hij zelf geloof hechtte aan deze en vergelijkbare andere uitingen.

Napoleon en Louis

Tegenover dit nationaal-idealiserende en sentimentele beeld van de koning stond de visie van diens broer, keizer Napoleon. De briefwisseling tussen beiden is een monument van historische staat- en karakterkunde. Lodewijk Napoleon heeft zowel het geluk als het ongeluk gehad dat zijn briefwisseling met de keizer apart is uitgegeven: hij kreeg de specifieke aandacht die hij verdiende, maar daar staat tegenover dat zijn verhouding met Napoleon daardoor, met name in de Nederlandse geschiedschrijving, soms te geïsoleerd en te zeer vanuit een nationaal Nederlands perspectief is beschouwd.[21] Wat dat betreft is de lectuur van het eveneens door Geyl besproken werk van Frédéric Masson, *Napoléon et sa famille* uit 1897 zeer verhelderend.[22] Napoleon toont zich in al zijn brieven aan al zijn broers, zussen en zwagers dezelfde. Net als Louis waren zij gemaakt tot vorst over een land dat hun vreemd was: Joseph eerst in Napels, later in Spanje, Jérôme in het koninkrijk Westfalen, Elisa als hertogin van Piombino en Lucca, Carolines man Murat als groothertog van Berg, later als koning van Napels. Napoleon hield allen bij herhaling zijn dialectische theorie voor dat een volk zijn vorst alleen zou gaan beminnen, wanneer die vorst eerst met harde hand een opstand ter plaatse zou hebben neergeslagen. Napoleon zag zijn familieleden op de tronen van Europa als zijn 'lieutenants'. Van de veronderstelde onfeilbare overtuiging van 'Neêrlands aart' in het hart van zijn broer moest de keizer dan ook helemaal niets hebben. Als Louis zich aan zijn volk niet een 'Français de coeur' zou betonen, zou hij in de visie van Napoleon binnen de kortste keren door datzelfde volk met spot en hoon worden verjaagd. En elk beroep op het begrip van de keizer dat Lodewijk Napoleon instelde op grond van de specifieke Nederlandse volksaard, traditie, geschiedenis of handelsbelangen trof precies de verkeerde snaar. Het maakt

[4] Placement bij het derde feest
van de Koninklijke Orde van
de Unie, 1809 *Paleis Het Loo
Nationaal Museum* [cat.nr. 105]

[5] Lodewijk Napoleon in het
kostuum van de Koninklijke
Orde van de Unie, Johan
Bernhard Scheffer, 1806–1810
*Napoleonmuseum Schloss Arenen-
berg, Salenstein, Zwitserland*
[buiten tentoonstelling]

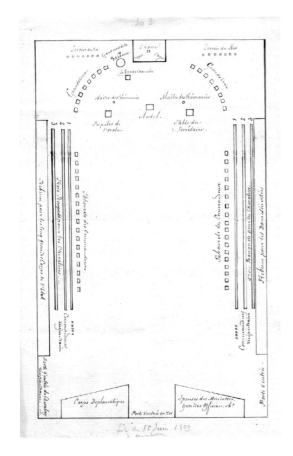

16   Lodewijk Napoleons koningschap in Nederlandse
ogen misschien sympathiek, maar vanuit Napoleons visie juist zeldzaam naïef, ineffectief en zelfs
schadelijk voor de belangen van het keizerrijk als
politieke constructie en van de Bonapartes als dy-
nastieke familie. Ook de verschillende pogingen
van Lodewijk Napoleon om nationale eenheid te
scheppen, bijvoorbeeld door de instelling van het
Koninklijk Instituut van Kunsten en Wetenschappen of de Koninklijke Orde van de Unie, werden door Napoleon met argwaan en afkeuring
gevolgd [4-5].

Een leven als een roman
Lodewijk Napoleon heeft de behoefte gevoeld
om, naast de contemporaine verheerlijking van
zijn persoon en tegenover het meedogenloze
imago als zwakkeling en mislukkeling dat de keizer van hem in zijn correspondentie neerzet, zijn
eigen beeld te creëren. Na zijn troonsafstand in
juli 1810 heeft hij dat met overgave en bij herhaling gedaan. In 1820 verschenen van zijn hand de
*Documens historiques et réflexions sur le gouvernement
de la Hollande,* een eigenaardig maar leerzaam
mengsel van historische feiten en sterk persoonlijke reflecties met maar één doel: volledige zelf-
rechtvaardiging van zijn optreden als koning van
Holland. Acht jaar eerder, in 1812, had de voormalige koning een roman gepubliceerd: *Marie,
ou les peines de l'amour,* in 1814 in een tweede,
verbeterde druk verschenen onder de aangepaste
titel *Marie, ou les Hollandoises* [6], ogenblikkelijk
in het Nederlands vertaald als *Maria, of de Hollandsche vrouwen.* Het kan niet anders dan de spotlust
van Napoleon hebben opgewekt dat zijn jongere
broer op zijn verblijf in Holland terugkeek in de
vorm van een roman en dan nog wel vanuit het
perspectief van een vrouw. Zoals Wim van den
Berg een aantal jaren geleden heeft betoogd,
heeft Lodewijk Napoleon al zijn romantische
beelden van de veronderstelde nationale deug-

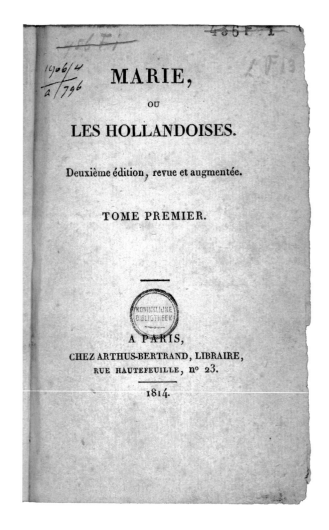

den van de Nederlanders in deze roman geprojecteerd.[23] Maar Louis Bonaparte was al eerder nog een stap verder gegaan. In zijn *Poésies du Comte de Saint-Leu* uit 1831 zijn verschillende gedichten opgenomen die impliciet of expliciet uiting geven aan zijn gevoelens na het vertrek uit Nederland. Titels als *L'exil*, geschreven in Graz in 1811, of *La chute des illusions* (1814) getuigen van zijn gevoelens,[24] net zoals 'La solitude', eveneens in het voorjaar van 1811 te Graz geschreven:

> *Oublions mes ennuis, tout ici le commande,*
> *Tout célèbre à l'envi le retour du printemps.*
> *Goûtons d'un si beau jour les aimables instants,*
> *Ne pensons pas à l'Hollande.*
>
> *Vain espoir! Tout me rappelle*
> *Et mon pays et mon malheur.*
> *Les fleurs, les prés, et la saison nouvelle*
> *Semblent redoubler ma douleur!* [25]

In het reeds in 1810 geschreven *Complainte*, heet het ten slotte:

> *Pour la Hollande et pour Marie*
> *Seront toujours mes derniers voeux,*
> *Que mes amis, que ma patrie*
> *Selon mes désirs soient heureux.* [26]

Of deze Marie, aan wie de dichter van plan is zijn laatste gedachten te wijden, een historische persoon is die wellicht de inspiratie vormde voor de naamgeving aan de hoofdpersoon van de roman die hij twee jaar later zou publiceren, is niet bekend. Wel is duidelijk dat voor de voormalige koning van Holland politieke historie, openbaar en privé-leven en door hem zelf geschapen fictie na 1810 volledig dooreen liepen. Misschien heeft deze essentieel romantische trek van de persoonlijkheid van Louis Bonaparte, de broer van de keizer, onze waardering voor Lodewijk Napoleon, koning van Holland, mede bepaald.

Noten

1 Geyl 1965, citaten op pp. XIII en XIV.
2 Presser 1960, p. 17 e.v.
3 Ik volsta met hier te verwijzen naar het deel dat werd gewijd aan Lodewijk Napoleon: Colenbrander 1911.
4 Frederiks 1951, pp. 7-9.
5 Brummel 1951, pp. 11-26.
6 Lunsingh Scheurleer 1953-1955; Van Luttervelt 1961.
7 Cat. tent. *Lodewijk Napoleon* 1959, p. 8; Lunsingh Scheurleer 1958.
8 Voor de geschiedenis van het Rijksmuseum in het algemeen en voor de Nationale Konst-gallerij en het Koninklijk Museum in het bijzonder, zie Moes & Van Biema 1909; Grijzenhout 1985, pp. 1-75; Bergvelt 1998, m.n. pp. 17-66; Grijzenhout 1999 en Van der Ham 2000, m.n. pp. 8-58.
9 Brummel 1959, p. 17; Van Sas 1997.
10 Zie *Bewys, dat de voorm. Lodewyk Napoleon, door de voorm. constitutie des voorm. koningryks, voorm. koning van 't voorm. Holland, met zyne voorm. riddersspreuk: Doet wel en ziet niet om, gemompt, bedot, gefopt, gepierd, verlakt, gesnooten, item geneuteboomd, zelfs gesuld, ja wat meer! gesullificeerd wierd,* Arnhem 1814 (= Knuttel 23777).
11 Bilderdijk en Siegenbeek 1808, p. 21.
12 Knappert 1906.
13 Naar aanleiding van de ramp van Leiden verscheen een groot aantal geschriften. De vermelding van de meeste daarvan is te vinden in: Knuttel nrs. 23324-23369. De hier gebruikte citaten zijn afkomstig uit Knuttel 23324, 23341, 23344 en 23362. Voor de administratieve afhandeling van de ramp, zie o.a. Nationaal Archief Den Haag, Archief Ministerie van Binnenlandse Zaken 1796-1813, inv.nrs. 833-835.
14 Knuttel 23342.
15 Knuttel 23361 versus Knuttel 23363; ook: Knuttel 23364-23366.
16 Knuttel 23359.
17 Arntzenius 1807, pp. 17-18.
18 Bussingh 1807, p. 25.
19 Knuttel 23445b. Vgl. Knuttel 23436-23454. Zie ook: Driessen 1994.
20 Bilderdijk-Schweickhardt 1809, pp. 29 en 77.
21 Rocquain 1875; Dubosq 1911. Zie ook de zeer onderhoudende bundel Zaal 2005.
22 Masson 1897, besproken door Geyl 1965, pp. 190-228.
23 Van den Berg 1999, 329-341.
24 *Poésies* 1831, deel I, pp. 132-134 en 180-187.
25 Ibidem, pp. 271-272.
26 Ibidem, pp. 202-204.

Paul Rem

De paleizen van Lodewijk Napoleon en hun inrichting

Van keizer Napoleon is bekend dat hij paleizen als het ware verzamelde. Tot de inlijving in 1810 van Holland in het Franse keizerrijk ging het om maar liefst veertig residenties, zowel in Frankrijk zelf als in de veroverde gebieden. Na de inlijving kwamen daar nog eens zeven keizerlijke verblijven bij. Met deze paleizen bracht Napoleon zijn rol als heerser tot uitdrukking. De ligging van de keizerlijke appartementen en de rangschikking van de staatsievertrekken, maar ook de luisterrijke inrichting, dienden om het decorum en de ongekende grandeur van de nieuwe monarchie te verhogen. De broers en zusters van Napoleon, na zijn kroning allen prinsen en prinsessen van het keizerrijk, volgden zijn gebruik na door er een stadspaleis en een buitenplaats op na te houden. In het gebied waarover zij regeerden, maakten zij aanspraak op de fraaiste residenties die aan het voorafgaande bewind hadden toebehoord. Koning Lodewijk Napoleon ging nog een stap verder: naast een aantal paleizen van de verdreven Oranjes kocht hij bestaande huizen aan, liet hij het Amsterdamse stadhuis tot paleis inrichten en bouwde hij in Utrecht een nieuwe residentie. Lodewijk Napoleons verblijven werden met zorg en tegen hoge kosten ingericht in de modieuze empire-stijl, de prachtlievende hofstijl van het Franse keizerrijk.

De Franse bezittingen van Lodewijk Napoleon
Lodewijk Napoleon en Hortense bewoonden in Parijs in de rue Cerutti (de huidige rue Laffitte) een 'hôtel' of stadspaleis. Eerste minister W.F. Röell, die de koning in 1807 in Parijs bezocht, schreef in zijn reisverslag: 'Het paleis van onze koning [...] is een zeer goed en regulier gebouw staande in de Rue Cerutti, echter niet meer dan een gewoon hotel van een groot heer en zelfs op verre na zo groot niet, noch ook zo rijk gemeubileert als dat van den groothertog van Berg. Zedert 's konings komst tot den troon werden

er geene nieuwe onkosten aan hetzelve gedaan.'[1] De groothertog van Berg was Joachim Murat, die getrouwd was met Caroline Bonaparte, de zuster van de keizer en de koning van Holland. Röell had het 'hôtel' van Murat in de rue St. Honoré bezocht en was erg onder de indruk geraakt van de pracht waarmee het was gemeubileerd, onder meer met kostbare ameublementen die daar geplaatst waren op last van architect Jean Thomas Thibault (1757-1826), die overigens ook Lodewijk Napoleons hofarchitect was. Het viel dus op dat de Hollandse koning naar zijn stand woonde, maar dat de inrichting niet getuigde van grootse staat.

Hetzelfde lijkt te gelden voor Saint-Leu, de buitenplaats ten noordwesten van Parijs, dat in 1804 door Lodewijk Napoleon was aangekocht. Het huis was in 1693 gebouwd door de secretaris van koning Lodewijk XIV. Het brede, gepleisterde gebouw was twee bouwlagen hoog. De middenrisaliet had een attiek ter bekroning, terwijl de naar voren springende hoektraveeën werden bekroond met een fronton. Minister Röell verbleef hier langere tijd en beschreef het huis als 'extra regulier gebouwd, dog eigentlijk minder voor een vorst als voor een rijk particulier geschikt zijnde, voor 't overige zeer proper en modern gemeubileert en met de meeste zorg onderhouden.'[2] Het verwonderde Röell niet dat de koning er grote affectie voor had, vooral ook vanwege het prachtig beplante, 80 hectare grote landschapspark. De koning had een grote gouache van Saint-Leu door de 'dessinateur du Roi' Claude Thiénon (1772-1846) in zijn salon in het paleis te Utrecht laten ophangen. Later werd deze naar zijn salon in het Paleis op de Dam overgebracht [7]. Nadat hij afstand had gedaan van de Hollandse troon, liet hij zich graaf van Saint-Leu noemen. Zijn buitenplaats, waar alleen Hortense naar zou terugkeren, werd omstreeks 1830 afgebroken.

De paleizen in het koninkrijk Holland

In de 'satellietstaten' van het Franse keizerrijk, de gebieden die door Napoleon waren veroverd of die in de Franse invloedsfeer waren gekomen, imiteerden de broers en zusters van Napoleon het keizerlijke hofleven. Nog vóór zijn komst naar Holland was vastgesteld welke behuizingen Lodewijk Napoleon kreeg toegewezen. Het ging om het voormalige Stadhouderlijk Kwartier aan het Binnenhof in Den Haag, dat omgedoopt werd tot 'Palais Royal', het Huis ten Bosch en Paleis Soestdijk. Deze oude Oranje-verblijven kregen de status van kroondomein. Bij een kroondomein was de staat weliswaar de eigenaar, maar de inkomsten van het domein, bijvoorbeeld uit houtkap of weide-, bouw- en hooiland, vielen toe aan de hoofdgebruiker, de koning. In augustus 1806 werd ook Paleis Het Loo en in 1809 de Abdij van Middelburg tot kroondomein benoemd. Het paleis te Utrecht was louter staatseigendom. Het Paleis op de Dam werd beschouwd als een tijdelijk bruikleen van de stad Amsterdam.

Lodewijk Napoleon beschikte ook over behuizingen in privé-eigendom. Zijn jaarlijkse salaris van anderhalf miljoen gulden, de jaarlijkse toelage van de Franse staat en de opbrengsten van de kroongoederen, stelden hem in staat in 1808 nabij Utrecht het huis Oud Amelisweerd en in 1809 in Haarlem Welgelegen aan te kopen. Tot het particulier eigendom van de koning werden ook omvangrijke bossen bij Borculo, (onderverhuurde) stadshuizen in diverse Hollandse steden, het kasteel van Jever in het departement Jeverland en het kasteel van Aurich in het departement Oost-Friesland gerekend.[3] De plannen uit 1809 van architect Carlo Giovanni Francesco Guidici (1746-1819) voor een zomer- of jachthuis nabij Assen kregen geen vervolg.

De Franse empire-stijl in de Hollandse paleizen van Lodewijk Napoleon

In de privé-behuizingen was de hofetiquette, die naar Frans model was gekopieerd, niet van toepassing. Ook waren ze minder luxueus ingericht en gedecoreerd dan de kroon- en staatsdomeinen, die gemeubileerd werden in de stijl van het keizerrijk. Deze empire-stijl is de propagandistische stijl die de Franse architecten Charles Percier (1764-1838) en Pierre François Léonard Fontaine (1762-1835) voor Napoleons keizerrijk in het leven hadden geroepen. Percier en Fontaine waren niet alleen de vormgevers van de pompeuze ceremoniën van de keizer, ze leverden ook ontwerpen voor alle onderdelen van het interieur van zijn paleizen. Door hun meubel- en interieurprenten, gebundeld in het *Recueil de décoration intérieures comprenant tout ce qui rapport à l'intérieur*, in delen uitgegeven vanaf 1801, raakte de empire-stijl snel verspreid over Frankrijk en zijn satellietstaten.

De sterk op de klassiek-Romeinse interieurkunst geënte empire-stijl straalde grandeur uit. Kenmerkend waren de haast militair-strenge proporties en de massieve volumes. De meubelen die in de belangrijkste paleiszalen waren geplaatst, waren veelal geheel verguld. Het kostbare mahoniehout, verrijkt met verguld bronzen ornamenten, was evenwel favoriet. Classicistische motieven, zoals lauwerkransen, rozetten, palmetten, pijlkokers, toortsen en zwanen, werden symmetrisch op de meubelen toegepast. Het meubilair werd geplaatst in vertrekken met wanden die veelal waren bedekt met zijden behangsels, waarvan de plooiingen associaties opriepen met de klassieke veldtent. De gordijnen, meestal van geborduurde mousseline, vielen links en rechts in soepele zigzagplooien naar beneden. De draperie, uitgevoerd in de hoofdkleur van het vertrek, was vastgehecht aan een vergulde stok, die op twee vergulde knoppen rustte.

[8] Bergère-gondole uit
Lodewijk Napoleons slaap-
kamer op het Paleis op de Dam,
François Honoré Georges
Jacob-Desmalter, 1805-1808
Koninklijke Verzamelingen,
Amsterdam [cat.nr. 140]

De inrichting van de Hollandse paleizen

Niet alleen door de prenten van Percier en Fontaine, maar ook dankzij de deskundigheid van de
al genoemde hofarchitect Thibault – die door
zijn vriendschap met beide architecten goed op
de hoogte was van hun werk en die in Frankrijk
in diverse keizerlijke verblijven werkzaam was
geweest – werd de empire-stijl in korte tijd naar
Holland overgeplant. Daarnaast kocht
Lodewijk Napoleon meubelen van Franse makelij, die als voorbeeld gediend hebben voor de
Hollandse meubelmakers, die zich in korte tijd
de nieuwe hofstijl eigen moesten maken. De koning verwachtte dat al zijn behuizingen op stel en
sprong zouden worden gerenoveerd en gemeubileerd. Ondertussen liet hij steeds weer veranderingen van meubilair en bestemming van ruimtes
doorvoeren, overigens zonder rekening te houden met de beschikbare fondsen. Het resultaat
was dat de boedel van de huizen waar hij snel op
uitgekeken was, zoals Amelisweerd, het Huis ten
Bosch en het Binnenhof, grotendeels werd overgebracht naar de verblijven die zijn voorkeur
hadden.

Het *Huis ten Bosch*, de eerste residentie die hij
na zijn vertrek uit Saint-Leu in Holland betrok,
werd in 1806 en 1807 op bescheiden wijze aangepast aan de eisen die aan een koninklijk verblijf
werden gesteld. Nieuwe marmeren schouwen en
spiegels werden geplaatst en oude schuifvensters
vervangen door empire-vensters met grotere
glasruiten. De koning had uit Frankrijk een partij
meubelen meegebracht die hij in de koninklijke
slaapkamers liet plaatsen. Zijn staatsieledikant,
maar ook de zitmeubelen [8] waren vervaardigd
door de Parijse meubelmaker François Honoré
Georges Jacob-Desmalter (1770-1841), de belangrijkste leverancier van het Franse hof en uit-
voerder van de ontwerpen van Percier en Fontaine. Ook de Haagse meubelmakers Matthijs
Horrix (1735-1809) en Albert Eeltjes (1751-1836)

22

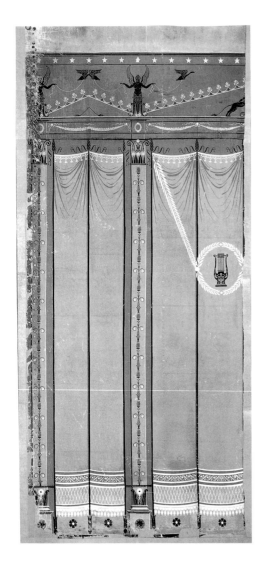

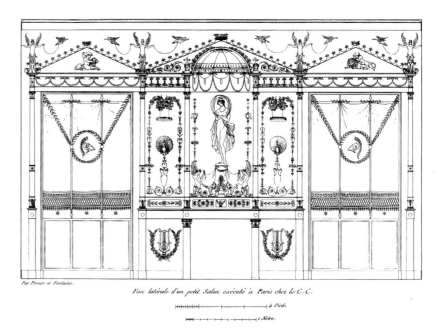

Par Percier et Fontaine.

Face latérale d'un petit Salon exécuté à Paris chez les C.C.

[11] Lotto Dauphin-spel uit de
'Salle des Grands Officiers' op
Paleis Het Loo, Nederland of
Frankrijk, 1806-1810 *Paleis
Het Loo Nationaal Museum*
[cat.nr. 195]

De Paleizen van Lodewijk Napoleon en hun inrichting

leverden een groot aantal meubelen, zowel voor
de staatsieruimtes als ook voor de dienstvertrek-
ken. De wanden van de koninklijke appartementen waren bekleed met behangsels van uit Parijs
geïmporteerde zijde en papierbehang. Een groot
behangfragment, afkomstig uit het Huis ten Bosch,
is bewaard gebleven [9]. Het laat een opzet zien
van classicistische architectuur in combinatie met
tussen speren opgehangen draperieën, waardoor
net als bij de zijden behangsels de suggestie van
een Romeinse veldtent wordt gewekt. De fabri-
kant maakte gebruik van een ontwerp van Percier en Fontaine [10]. De wijze waarop decoraties zijn uitgeknipt en bijgeplakt om het geheel
passend te maken, is typerend voor kostbaar behang dat in een ander vertrek opnieuw werd geplaatst. Mogelijk werd het behang geleverd door
J.G. Berger, 'Manufacture Royale de papier
peint' te Amsterdam.

Paleis Het Loo was het favoriete zomerverblijf
van Lodewijk Napoleon. Hier werden weliswaar
staatszaken afgehandeld en ambassadeurs ontvangen, maar het ongedwongen hofleven leende
zich vooral voor lange wandelingen, jachtgenoe-
gens, het spelen van biljard en het toen populaire
gezelschapsspel lotto-dauphin [11]. 's Avonds
vermaakten de koning en zijn gevolg zich in de
voormalige eetzaal van de stadhouder met 'cha-
rades en action', waarbij te raden woorden in
kleine toneelstukjes werden uitgebeeld.[4] Hoofs
vermaak in de traditie van het Europese hof-
theater bood de tot schouwburg omgebouwde
oranjerie in de oostelijke vleugel aan de Konings-
laan [12]. Opera's en komedies werden gespeeld
door het Franse toneelgezelschap uit Den Haag.
In de koninklijke loge stonden mahoniehouten
en met verguld bronzen ornamenten versierde
armstoelen, bekleed met rood fluweel. Op de
banken in de zaal namen op verzoek van de koning ook wel gewone Apeldoorners plaats, die
naar verluid van het Frans weinig begrepen.[5]

23

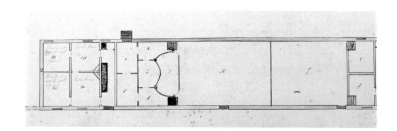

24   Vanaf februari 1807 tot aan het vertrek van Lodewijk Napoleon uit Holland is voortdurend aan
de inrichting van Het Loo gewerkt.[6] De uiteen-
lopende werkzaamheden vonden tegelijkertijd
plaats, omdat de koning het paleis al snel wilde
betrekken. Vanaf mei 1807 verbleef hij er om tot
zich zelf te komen na de dood van zijn eerste
zoon Napoleon Karel [13], maar in 1808 en 1809
kwam hij voor steeds langere periodes regelmatig
terug. Het Loo, dat in een Franse reisgids uit 1795
'la plus considérable et la plus belle des maisons
de plaisance du stathouder' werd genoemd, onder-
ging een ware metamorfose, waarbij het grote
bakstenen huis veranderde in een modern-ogen-
de buitenplaats naar Franse smaak.[7] Net als Soestdijk werd ook Het Loo bepleisterd om het op
Lodewijk Napoleons geliefde Saint-Leu te laten
lijken [14]. Voor de samenstelling van de 'couleur
St. Leu' werd de Franse architect Alexandre
Dufour (1750-1835) geraadpleegd.[8] De meubi-
lering van Het Loo vond plaats terwijl de herstel-
werkzaamheden nog in volle gang waren. Geha-
vende lambriseringen werden gerestaureerd en
geverfd, moderne haarden geplaatst, wollen ta-
pijten gelegd, spiegels aangebracht en kristallen
kroonluchters opgehangen. De wanden werden
bekleed met behangsels van zijde en fluweel of
met papierbehang.

    In de boedelinventaris die in 1810 werd op-
gesteld, worden omstreeks 2000 meubelen genoemd, waarvan er thans nog ongeveer 400
bewaard zijn gebleven. Opvallende empire-
meubelen zijn de secretaire van koningin Hortense, met bronzen kapitelen die de Franse keizerlijke adelaar dragen [15] en de armstoel uit een
grote set voor de 'Salle de concert', de galerij in
het hoofdgebouw [16]. Het zijn gedistingeerde,
niet te zware empire-meubelen, van het soort dat
ook in de appartementen van de Bonapartes in de
Franse paleizen werd aangetroffen. De meubelen
zijn van Hollandse makelij. De meeste zitmeube-

[14] Vooraanzicht van Paleis
Het Loo, F.C. Bierweiler en
Cornelus de Kruyff, ca 1815
Paleis Het Loo Nationaal
Museum, bruikleen Instituut
Collectie Nederland [cat.nr. 134]

25

26 len waren afkomstig uit de goed georganiseerde
werkplaats van Eeltjes, die zonder meer op de
hoogte moet zijn geweest van de Franse modellen.

De koning bewoonde het Binnenhof tot aan
zijn verhuizing in september 1807 naar het in
aanbouw zijnde paleis in Utrecht. Van dit geo-
grafische centrum van zijn koninkrijk wilde hij
voor korte tijd ook het politieke centrum maken.
Het *paleis in Utrecht*, waar Lodewijk Napoleon in
1808 van januari tot april zou verblijven, was sa-
mengesteld uit een reeks bestaande huizen aan
de Drift en de Wittevrouwenstraat. Met een be-
pleistering van de gevels werd gepoogd een eenheid te smeden in het weinig samenhangende geheel. De koninklijke appartementen, behangen
met papier, beschilderd linnen of bespanningen
van zijde en fluweel in heldere kleuren zoals
goudgeel en violet, werden gemeubileerd met
mahoniehouten meubelen, waarvan een deel
afkomstig was van de door Lodewijk Napoleon
verlaten Haagse residenties. Een topmeubel van
Jacob-Desmalter was Hortense's mahoniehouten
en verguld bronzen bed 'en bateau'. Dit pronk-
ledikant zou Lodewijk Napoleon korte tijd later
voor zichzelf gebruiken op het Paleis op de Dam.

Het *paleis van Amsterdam* zal het meeste hebben geoogd als een waarlijk vorstelijk paleis volgens de standaard van het Franse keizerrijk. Hier
werd geschitterd tijdens de plechtige ceremoniën
van de Orde van de Unie en de luisterrijke hofbals. In het van zichzelf al monumentale gebouw,
dat met veel kosten maar met behoud van de bestaande binnenarchitectuur was omgetoverd tot
een allureus empire-paleis, beschikte het hof
over de specifieke staatsiezalen die de etiquette
vereiste, zoals een troonzaal en een zaal voor de
staatsraad. In de vorstelijke appartementen waren
de wanden bedekt met veelal gestreepte zijde,
die soms geplooid was, zoals in de slaapkamer
van Hortense. Net als in Utrecht voerde geel en
violet de boventoon. Op het Paleis op de Dam

[16] Armstoel uit de 'Salle de
concert' op Paleis Het Loo,
Albert Eeltjes, 1806–1810
Verzameling De Boer/
Steunenberg [cat.nr. 154]

De Paleizen van Lodewijk Napoleon en hun inrichting

27

28

vormden grote ensembles mahoniehouten en
met verguld brons versierde meubelen van Jacob-
Desmalter, waaronder de commode uit de slaapkamer van de koning [17], de kern van de inrichting. Ze behoren tot de glorie van de Franse
empire-meubelkunst. De Hollandse meubelen
die hierbij geplaatst werden, waaronder het massieve cilinderbureau van Carel Breytspraak sr
(1769-1810) [18], de consoletafel uit de salon van
Hortense door Eduard Muller [19] en de armstoel uit de salon van de kroonprins, geleverd
door 'tapissier' Joseph Cuel (1763-1846) [20],
kunnen worden beschouwd als geslaagde pogingen de monumentaliteit en het raffinement van
de Franse modellen na te volgen. In het ledikant
van Lodewijk Napoleon werd de nachtelijke

koude weggenomen door een oer-Hollandse
beddenpan, zij het dat de steel van het modieuze
mahoniehout was en het deksel voorzien was van
het gegraveerde wapen van de koning, geheel
volgens het idioom van de empire-stijl gezet in
een krans van palmetten [21].

Zijn troonsafstand tekende Lodewijk Napoleon op 1 juli 1810 in Haarlem, in het *Paviljoen*
aan de Haarlemmerhout, dat hij in 1808 van de
bouwheer en eigenaar had gekocht. Hoewel de
koning hiervoor wel meubelen aankocht, bleef
toch veel van de inrichting van de vorige eigenaar behouden. Dit werd aangevuld met meubilair uit de 'garde-meuble', het meubeldepot van
het Amsterdamse paleis, en met meubelen uit de
paleizen die door de koning waren verlaten. Aan

[20] Armstoel uit de salon
van prins Napoleon Lodewijk,
Joseph Cuel, ca 1808
Koninklijke Verzamelingen,
Amsterdam [cat.nr. 145]

[21] Twee beddenpannen uit
het Paleis op de Dam,
Nederland, 1806-1810
Koninklijke Verzamelingen,
Amsterdam [cat.nrs. 24, 25]

32   de vooravond van zijn definitieve vertrek uit ons
land gelastte de koning dat ook het staatsiebed
van Hortense van het Huis ten Bosch naar zijn
eigen slaapkamer op het 'Pavillon Royal' overgebracht moest worden. De avond daarop wenste hij erover te beschikken in zijn eigen slaapkamer. Dit bed bleef bewaard. Het is voorzien van
een losse hemel. Het mahoniehouten meubel is
gedecoreerd met bronzen toortsen en vrouwen-
koppen met Egyptisch hoofddeksel. Het stempel
van de Brusselse meubelmaker J.J. Chapuis
(1767-1827) duidt erop dat voor de inrichting
van de paleizen niet alleen van Hollandse en
Franse, maar ook van Belgische meubelmakers
empire-meubilair werd betrokken.

Hofkapel en troonzaal
Opvallende nieuwe elementen in het gebruik
van de paleizen in ons land in de periode-Lodewijk Napoleon zijn de rooms-katholieke kapel
en de troonzaal. Naar Frans gebruik was in de
constitutie van het koninkrijk Holland vastgelegd
dat de koning in elk van zijn behuizingen een
hofkapel zou inrichten.[9] Tegen de grote zaal van
Soestdijk liet de koning door Thibault en Jan
David Zocher sr (1763-1817) twee uitbouwen
optrekken, waarvan één als kapel werd ingericht.
In de hofkapel die op het Huis ten Bosch, het
Binnenhof en Het Loo werd ondergebracht in
een al bestaande kapelruimte, die met enkele
ingrepen aan de rooms-katholieke ritus werd
aangepast, gingen persoonlijke vroomheid en
monarchaal decorum hand in hand. Een vast onderdeel was de koninklijke tribune die tegenover
het altaar was opgesteld. In elk verblijf was de
borstwering ervan met blauw fluwelen draperie-
en bedekt. Van de kapel van het Paleis op de
Dam bleven veel kerksieraden en paramenten
bewaard, omdat koning Willem I ze aan het
grootseminarie van Warmond schonk. Veel van
het kerkzilver, zoals wierookvaten [24], het al-

34 taarkruis [22] en de altaarkandelaars [23], was
aanvankelijk in gebruik in de Utrechtse hofkapel.
Verschillende stukken zijn voorzien van de merken van de Utrechtse zilversmid Johan Snoek
(ca 1736-werkzaam tot 1815).

Op het Paleis op de Dam werd een troonzaal ingericht in de Schepenkamer van het voormalige
stadhuis. In korte tijd werd de inrichting enkele
keren gewijzigd, omdat de koning, die naar een
indrukwekkend geheel streefde, niet tevreden
was over het effect. In de definitieve versie waren de wanden bedekt met een bespanning van
rode zijde, aan de bovenzijde afgezet met rood
fluwelen draperieën met galon en franjes in
goud. Aan één van de korte zijden van de zaal
was de troon opgesteld, met een podium van drie
treden. Een groene loper leidde naar een vergulde
armstoel, die voorzien was van een voetenbank-
je. Het troonbaldakijn was bekroond met een
vergulde Hollandse leeuw. Het lot van de troonzetel is na het vertrek van Lodewijk Napoleon
onzeker. De monumentale vergulde armstoelen
van de koningin en de kroonprins bleven evenwel gespaard. In Lodewijk Napoleons Hollandse
paleizen waren deze stoelen, tezamen met de
troonzetel, de enige die een volledige vergulding
hadden. Geheel vergulde armstoelen, voorzien
van het stempel van Jacob-Desmalter, stonden
eveneens in zijn stadspaleisje in de rue Cerutti in
de 'Grand Salon de Réception'.[10]
     Uit de troonzaal bleef bij toeval een belang-
wekkend onderdeel van de empire-decoratie
gespaard: de gesneden, vergulde lauwerkransen,
die gezet waren op de vergulde roeden waaraan
oorspronkelijk roodfluwelen draperieën hingen.
De kransen omlijstten blauwgeverfde borden
waarop in gouden letters de naam van een departement van het koninkrijk Holland was aangebracht. Later liet koning Willem I de borden
omdraaien om er de namen van de provincies

[25] Twee kransen uit de troonzaal van het Paleis op de Dam,
Nederland, 1808–1810 *Paleis
Het Loo Nationaal Museum*
[cat.nr. 31]

De Paleizen van Lodewijk Napoleon en hun inrichting

35

van zíjn koninkrijk op aan te brengen. Drie lauwerkransen konden tijdens een recente restaura-
tie in hun oorspronkelijke staat worden hersteld
[25]. De borden zijn een uitdrukking van de liefde van Lodewijk Napoleon voor uiterlijke glans
en koninklijke grandeur in de stijl van de Bonapartes. Tegelijkertijd zijn ze symbool voor de
heerschappij van een koning wiens rijk maar vier
jaar standhield.

Noten

1   Elias 1978, p. 45.
2   Ibidem, p. 42.
3   Nationaal Archief, Den Haag (NA), Archief Ministerie van
    financiën, Kroondomein 1806–1810, inv.nr. 122.
4   Garnier 1828, p. 117.
5   Evers 1916.
6   Rem 2003, pp. 11–13 en 36-47.
7   Thouin 1841, p. 255.
8   NA, Archief Ministerie van financiën, Kroondomein 1806–
    1810, inv.nr. 54, 19 januari 1809.
9   Rem 2006.
10 Christie's Londen, veiling 12 december 1996, lotnr. 179-
    182.

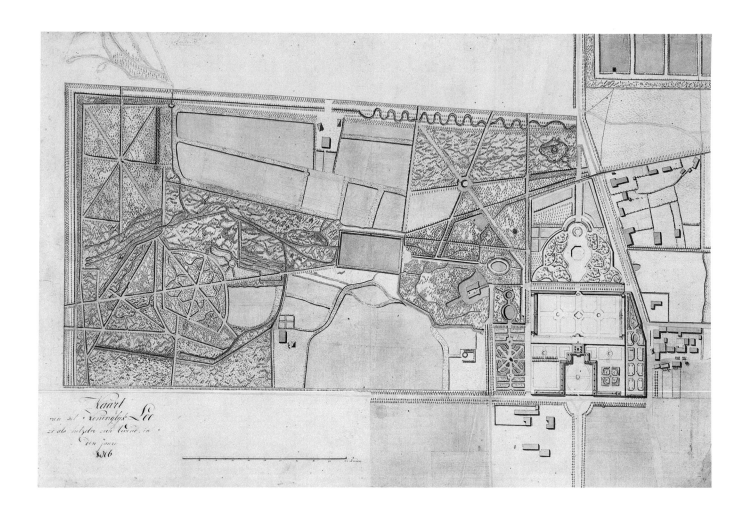

Ben Groen

De tuinen van Lodewijk Napoleon

Toen Lodewijk Napoleon tot koning van Holland werd uitgeroepen, was bepaald dat het domein van de kroon zou bestaan uit een paleis in Den Haag, het Huis ten Bosch en het domein van Paleis Soestdijk.[1] Als onderkomen in Den Haag koos de koning voor het voormalig Stadhouderlijk Kwartier op het Binnenhof, dat de naam 'Palais Royal' zou dragen. Begin augustus 1806 gaf de koning de grootmeester van zijn huis, Jean Paul Marie baron de Dalichoux de Sénégra, opdracht om niet alleen Soestdijk, maar ook Paleis Het Loo in bezit te nemen.[2] Zowel voor het Huis ten Bosch, Het Loo als voor Soestdijk heeft Lodewijk Napoleon tuinplannen doen maken, die niet of slechts ten dele zijn uitgevoerd.

In de eerste twee jaren van zijn regering heeft Lodewijk Napoleon zich tevreden gesteld met de tuinen van Soestdijk, het Huis ten Bosch en Het Loo. Maar op 26 augustus 1808 kocht de koning Nieuw Amelisweerd, op 2 september 1808 volgde ook Oud Amelisweerd.[3] Lodewijk Napoleon wilde Amelisweerd tot een van zijn buitenverblijven maken: op Oud Amelisweerd wilde hij zelf gaan wonen, terwijl zijn personeel op Nieuw Amelisweerd gehuisvest zou worden.[4] Maar al in de zomer van 1809 gaf de koning opdracht om Amelisweerd weer te verkopen.[5] Pas twee maanden na de abdicatie, op 29 augustus 1810, werd het buitengoed verkocht. Koper was mr Jan Pieter van Wickevoort Crommelin (1763-1837), staatsraad bij de sectie wetgeving en algemene zaken.

Op 20 augustus 1808 kocht Lodewijk Napoleon ook de buitenplaats Welgelegen in Haarlem, die hij tot 'Pavillon Royal' omdoopte. Daarbij behoorden ook de Kleine Hout en het voormalige Kaatsveld, die zich voor het Paviljoen uitstrekten. Deze werden als overplaats bij het buiten getrokken. Tot Welgelegen behoorden voorts de aan het Spaarne gelegen buitenplaatsen Buitenzorg en Zorgvliet. Het aangrenzende buiten Vlietzorg werd in juli 1809 aangekocht om het complex aan het Spaarne een mooie afsluiting te geven.[6]

Ontwikkelingen op het gebied van de tuinarchitectuur
Ten tijde van Lodewijk Napoleon was de vroege landschapstijl in de mode. Deze stijl was geënt op de weidsheid van het golvende Engelse landschap. Het vlakke en dichtbevolkte Nederlandse landschap leende zich maar slecht voor een dergelijke stijl. Wel kon gebruik gemaakt worden van de golvende paden uit de landschapsparken. De stijlverandering had zijn wortels in een reactie tegen de strakke formaliteit en de kunstmatigheid van de baroktuin, gecombineerd met een algemene bewondering voor zeventiende-eeuwse landschapschilders als Salomon van Ruysdael (1600/2-1670). Deze schilderde geïdealiseerde landschappen met knoestige oude bomen, schaapherders en grazend vee. Ook hadden schrijvers als Alexander Pope (1688-1744) en Jean Jacques Rousseau (1712-1778) invloed op het ontstaan van de nieuwe tuinstijl door het belang dat zij in hun geschriften hechtten aan ongekunstelde natuurlijkheid. In de eerste dagen van de Nederlandse landschapsstijl (ca 1750) kunnen we spreken van een overgangsstijl, waarbij de oude structuur van de tuin gehandhaafd bleef en bestaande tuinornamenten in de nieuwe tuinopzet werden verwerkt. Zodoende ontstond binnen de rechte laanstructuur uit vroegere perioden een net van kronkelpaadjes.[7]

Voor de tuinen van zijn paleizen stelde Lodewijk Napoleon de Fransman Alexandre Dufour (1750-1835) aan als architect. Dufour had op het buiten van de koning te Saint-Leu gewerkt. In Holland werkte hij samen met de tuinarchitecten van Lodewijk Napoleon, Jan David Zocher sr (1763-1817) en Johan Philip Posth (1763-1831). Gezamenlijk ontwikkelden zij een intrigerend

38

spel van vormen en cirkels, met kronkelige paad-
jes, onregelmatige boomgroepen, grillige vijvers
met eilandje en asymmetrische bloemperken.
Zocher sr was op 28 mei 1807 benoemd tot hofarchitect van Lodewijk Napoleon voor het Huis
ten Bosch.[8] Hij stond aan de wieg van de beroemde Zocherfamilie die meer dan een eeuw
lang zijn stempel op de Nederlandse tuinarchitectuur zou drukken. De uit Saksen afkomstige
Zocher sr werkte vanaf 1794 in Nederland op de
buitenplaats Meerenberg bij Heemstede. In zijn
tuinontwerpen handhaafde hij bestaande lanen
alleen indien deze als grenswegen bruikbaar waren. Daarbinnen ontwierp hij een nieuw paden-
stelsel, uitgezet als een rondwandeling. Een dergelijke rondwandeling voerde de bezoeker langs
fraaie groepen bomen en struiken, afgewisseld
met vrije uitzichten.

De paleistuinen en -parken van Lodewijk Napoleon
Het *Huis ten Bosch* en de bijbehorende formele
tuin zijn tussen 1645 en 1648 in vroeg-Hollands-
classicistische stijl aangelegd. Het tuinplan be-
rustte op wiskundige en geometrische principes
met symmetrische parterres langs een middenas.
De minder belangrijke nutstuinen lagen aan
weerszijden van deze rechthoekige broderie-
parterres.

In 1686 kwam het Huis ten Bosch in handen
van stadhouder Willem III, waarna de tuin door
Daniel Marot werd veranderd. Daarbij speelden
waterbassins en waterpartijen een belangrijke rol:
er werd een centrale achthoekige vijver aangelegd,
omgeven door vier parterres met tuinbeelden.

Zocher sr werd in 1807 belast met het opstellen van een veranderings- en vergrotingsplan
voor de tuin.[9] De formele tuin die recht achter
het huis lag, werd uitgebreid met het terrein ten
oosten daarvan. Het geheel werd omgevormd tot
een landschappelijke tuin waarbij de symmetrie
van de afgebroken formele tuin achter het huis

totaal verdween [28]. Met mooie gebogen lijnen
schiep Zocher een fraaie landschapstuin, die de
mogelijkheid bood voor een rondwandeling buiten de directe omgeving van het huis. Onder
Lodewijk Napoleon waren de meeste planten in
deze landschapstuin nog niet voldoende uitgegroeid om een romantische sfeer te scheppen.
De huidige tuin van het Huis ten Bosch gaat terug op Zochers ontwerp.

Vóór de komst van Lodewijk Napoleon
had *Paleis Soestdijk* een eenvoudige, formele tuin
met slechts enkele parterres met beelden.[10] In
opdracht van de koning veranderde Zocher sr
de tuin in een landschapstuin met een ruime vijver met onregelmatig oeververloop direct achter
het paleis. De vijver liep uit in een slingerende
beek die een zeer groot, grillig gevormd terrein
omzoomde. Verder naar het noorden begon het
echte bos. Hier combineerde Zocher licht gebogen wegen en paden met rechte lanen en
bestaande zichtassen uit de zeventiende en achttiende eeuw. Zocher overleed in 1817, toen het
werk nog in volle gang was [27]. Hoewel zijn
ontwerptekeningen zoek zijn geraakt, is het huidige park, ondanks latere veranderingen, nog
een van de meest authentieke voorbeelden van
de landschapsstijl uit de tijd van Lodewijk
Napoleon.[11]

In november 1808 liet Lodewijk Napoleon
weten dat hij een deel van het terrein van het
Paviljoen te Haarlem wilde veranderen in een
plantentuin naar Parijs' en Weens voorbeeld, een
'Jardin du Roi'. In het voorjaar van 1809 leverde
Zocher sr een ontwerp voor een openbaar park
rondom het Paviljoen, dat onderdak zou bieden
aan de 'Jardin du Roi'. Het meetwerk dat aan het
plan ten grondslag lag, werd verricht door zijn
zoon, Jan David Zocher jr (1791-1870). De kas-
sen en vogelkooien van de dierentuin werden
ontworpen door Jean Thomas Thibault (1757-
1826), controleur der gebouwen. In het park

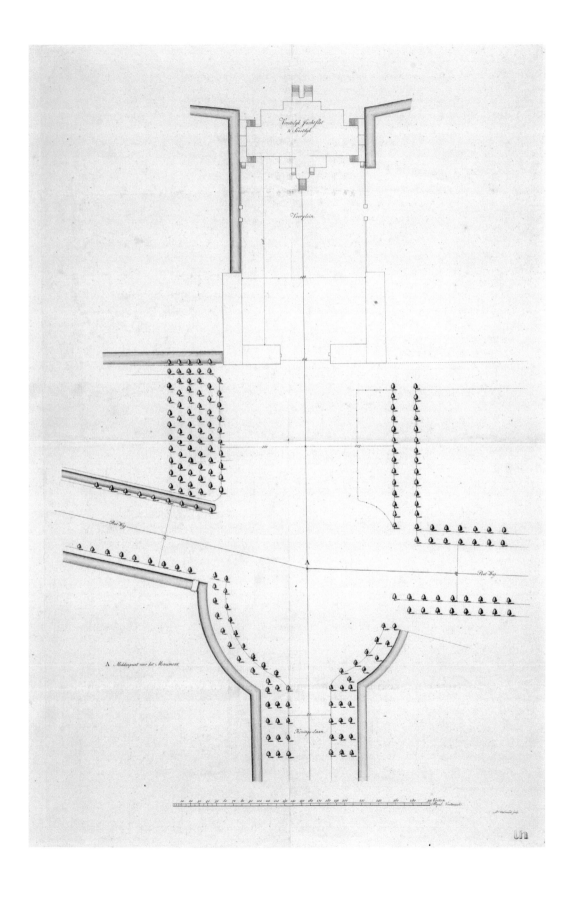

[28] Ontwerp voor het park van
het Huis ten Bosch, westelijk
gedeelte, Jan David Zocher sr,
1807 *Nationaal Archief, Den
Haag* [cat.nr. 175]

40

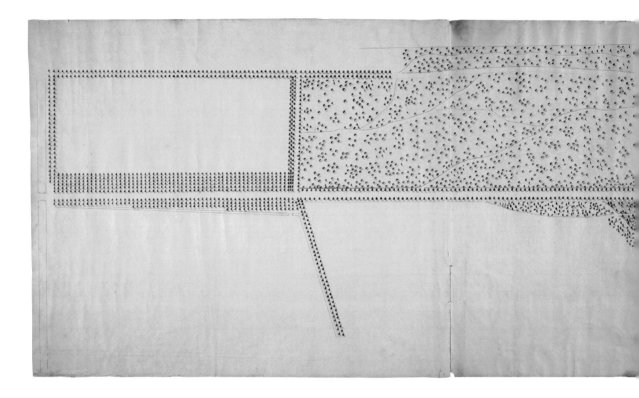

moest ook een kruidentuin komen, waarin voor
medicinale doeleinden planten werden ge-
kweekt. In zijn plan creëerde Zocher sr open
zichten vanuit het Paviljoen en paden rondom
open stukken. Deze open ruimten stoffeerde hij
met boomgroepen en solitaire bomen. Alleen het
noordelijk deel van het plan werd uitgevoerd.
Dit deel werd door Zocher jr in 1827 als stadpark
aangeleged op basis van de plannen van zijn vader.[12] In verband met de plannen om het park
van het Paviljoen tot aan de Spaarne-oever uit te
breiden, werden in 1810 Huis Zorgvliet en Huis
Buitenzorg gesloopt. In hetzelfde jaar reorgani-
seerde Zocher de tuinen van Zorgvliet en het
aangrenzende Vlietzorg overeenkomstig de
nieuwe landschapsstijl.

Onmiddellijk na de aankoop in 1808 van
Amelisweerd maakte Dufour een ontwerp voor de
tuinen. Het is helaas zoekgeraakt, maar de uitge-
breide bestekken bevinden zich in het Nationaal
Archief te Den Haag.[13] Dufour plande een openbaar wandelpark, een kanaal en een vijver die gedeeltelijk in de heide zou moeten worden uitge-
graven.[14] Vanuit het achterbos van Amelisweerd
waren twee wegen naar Utrecht gepland. Ook
moest er een bloementuin komen. Geen van de
plannen werd uitgevoerd. Naar alle waarschijn-
lijkheid stamt de vroege landschappelijke stijl van
Nieuw Amelisweerd dan ook van de hand van
Maximilian Henri de Saint-Simon, marquis de
Sandricourt, die Amelisweerd van 1771 tot 1795
bewoonde.[15] De markies legde slingerpaadjes
aan, een open veld, een vijver met een brug in
Zwitserse stijl en drie kleine eilandjes.

In *Amsterdam* wenste Lodewijk Napoleon een
openbaar wandelpark in de Plantage. De Plantage was een verzameling (volks)tuinen en bos-
schages binnen de stadsmuren. Hierin lag ook de

Hortus Medicus, de wetenschappelijke kruidentuin van de stad. Bij Koninklijk Besluit van 18
juli 1808 beval Lodewijk Napoleon dat de Plantage tot een groot wandelpark omgevormd
moest worden.[16] Toen de koning vervolgens op
22 mei 1809 besloot de 'Jardin du Roi' naar Amsterdam te verhuizen, zou de Hortus Medicus
het hart van deze tuin worden. Op het terrein
van de vroegere Plantage zijn tegenwoordig de
Hortus, het Wertheimpark en Artis ondergebracht. De oude rechthoekige tuinenverdeling is
nog terug te vinden in de structuur van de huidige woonwijk.[17] In 1812 ontwierp Abraham van
der Hart (1747-1820) aan de overkant van de
Hortus het Wertheimpark in Engelse landschapsstijl, compleet met wandelpaden, perken en een
grote variatie aan bomen: het was de gewijzigde
uitwerking van Lodewijk Napoleons 'Jardin du
Roi'.[18]

De huidige tuinen van *Paleis Het Loo* zijn een re-
constructie van de oorspronkelijke formele tuinen, aangelegd door koning-stadhouder Willem
III en zijn echtgenote Mary II Stuart. Deze tuinen
zijn in Hollands-classicistische stijl uitgevoerd
met vrijwel vierkante parterres en een sobere be-
planting. Zij waren beroemd vanwege de water-
werken, uitgevoerd als cascades, fonteinen en ka-
nalen. In het omringende paleispark werden
visvijvers aangelegd, er was een sterrenbos en een
labyrint. Na de dood van de koning-stadhouder
werden de tuinen geleidelijk aan minder in kwaliteit, maar de algehele opzet bleef onaangetast.
Alleen werd onder stadhouder Willem v in 1781
het achterste deel van de formele tuin, de zogenaamde boventuin, door de stadhouderlijke architect Philip Willem Schonck (1735–1807) in
vroeg-landschappelijke stijl veranderd [29]. De
formele benedentuin met de landschappelijk aan-

[29] Kaart van de boventuin van
Paleis Het Loo, Philip Willem
Schonck, 1781 *Paleis Het Loo
Nationaal Museum* [buiten
tentoonstelling]

42

gelegde boventuin bleef gehandhaafd binnen het paleispark uit de zeventiende eeuw. Tot 1806 bleef deze tuinaanleg verder vrijwel ongewijzigd, hetgeen blijkt uit de *Kaart van het Koninglyk Loo zoals hetzelve zich bevond in den jaare 1806* van Maximiliaan Jacob de Man (1765-1838) [26].

Nadat Lodewijk Napoleon in 1806 Het Loo in bezit had genomen, maakte Johan Philip Posth een plan met een grote vijver direct achter het paleis. Zijn ontwerpstijl is direct te herkennen aan het behoud van delen van oudere, rechte lanen en de cirkelvormig uitgezette wandelingen. Vanwege de onmogelijkheid een vijver achter het paleis aan te leggen, maakte Dufour een nieuw plan in landschapsstijl, waarbij de vijver was vervangen door een groot grasveld met boomgroepen [30]. In 1807 werd dit plan uitgevoerd: de beelden, tuinmuren en fonteinen werden weggebroken en deels begraven onder een zandlaag die in de tuin werd gestort. Ook werden de wandelterrassen verwijderd om weidse doorzichten mogelijk te maken. Tussen 1977 en 1984 werd een groot deel van de oude formele tuin in de achttiende-eeuwse staat hersteld. Buiten de muren van de huidige tuin is het landschapspark van Lodewijk Napoleon grotendeels bewaard gebleven.

De Nationale Plantentuin
Lodewijk Napoleon wilde naar Parijs' en Weens voorbeeld een Nationale Plantentuin stichten. In het Koninklijk Decreet van 28 juli 1808 besloot hij tot de oprichting van een botanische tuin onder de naam 'Jardin du Roi' in de directe omgeving van Amsterdam. Een menagerie en een museum voor natuurlijke historie moesten daar deel van uitmaken. Al voordat het officiële besluit was genomen, was Lodewijk Napoleon begonnen een verzameling aan te leggen: in het voorjaar van 1808 kocht hij 25 dieren, waaronder een leeuw, een tijger, een beer, een wolf, een panter,

een zebra, zes stekelvarkens en diverse apen. Ook kocht hij in 1808 twee grote plantencollecties: de verzamelingen Quant en Kauditz Colizzi, beide uit Den Haag.

De koning heeft de vestigingsplaats voor de 'Jardin du Roi' meerdere malen gewijzigd. In het decreet van 28 juli was Amsterdam aangewezen als locatie.[19] In afwachting van een geschikte plaats aldaar werd de koninklijke tuin in hetzelfde decreet tijdelijk op Paleis Soestdijk ondergebracht.[20] Tegelijkertijd werd Caspar Georg Carl Reinwardt (1773-1854) aangesteld als directeur van de 'Jardin du Roi'. Reinwardt was sedert 1801 hoogleraar scheikunde, botanie en natuurlijke historie aan de universiteit van Harderwijk. Maar in afwijking van hetgeen in de decreet was bepaald, werd de 'Jardin du Roi' op het Paviljoen te Haarlem gevestigd. Dit op aandringen van directeur Reinwardt. Eind oktober 1808 werden ook de plantencollecties en de menagerie naar Haarlem overgebracht. In november 1808 berichtte Lodewijk Napoleon aan zijn intendant-generaal dat architect Thibault Welgelegen moest uitbreiden naar het model van Wenen en Parijs. De collecties zouden op bepaalde uren van de dag voor het publiek opengesteld worden.[21]

Bij een inspectie van de menagerie in Haarlem op 21 mei 1809 was de koning ontevreden over de gezondheid van de dieren. Het was vermoedelijk om deze reden dat hij op 22 mei 1809 Gerard Vrolik (1775-1859) tot tweede directeur van de 'Jardin du Roi' benoemde. Onderling verdeelden Reinwardt en Vrolik de taken: Vrolik zou zich met de planten bezighouden, Reinwardt met de menagerie en het naturaliënkabinet. Op dezelfde dag besloot Lodewijk Napoleon de 'Jardin du Roi' alsnog naar de hoofdstad over te brengen. Al op 24 mei werden de dieren van Haarlem naar Amsterdam getransporteerd, waar ze in de oranjerie van de Hortus Medicus ondergebracht werden. Er werd een extra toegangs-

[30] Nieuwe landschappelijke
aanleg van het park van Paleis
Het Loo, P. Broekhoven, 1812
Nationaal Archief, Den Haag [cat.
nr. 173]

deur gemaakt en in de tuin werden hokken ge-
timmerd. De planten werden pas in januari 1810
van Haarlem naar Amsterdam verhuisd. Ze werden ondergebracht in de tuin van het Koninklijk
Instituut, dat in het Trippenhuis aan de Klove-
niersburgwal was gevestigd.[22]

Uiteindelijk moest de Hortus Medicus in
Amsterdam de kern van de nieuwe 'Jardin du
Roi' gaan vormen. Het stadsbestuur ontving in
mei 1809 een brief van de minister van Binnenlandse Zaken met de vraag om een ontwerp voor
een vergrote Hortus te maken. Er werd gekozen
voor uitbreiding aan de overkant van de Hortus,
op het terrein tussen de huidige Plantage Parklaan
en de Nieuwe Herengracht. Tevens gaf hij opdracht om de Hortus op kosten van de staat van
Amsterdam over te nemen en te vergroten.[23]

Het einde van de 'Jardin du Roi' naderde nu
snel. Vlak voor zijn abdicatie beval Lodewijk
Napoleon bij Koninklijk Besluit van 10 juni 1810
dat de bestaande koninklijke tuin vernietigd
moest worden en er een meer algemene plantentuin moest worden aangelegd. De planten in de
tuin achter het Trippenhuis werden geschonken
aan de stad Amsterdam voor de Hortus Medicus.
Op 17 juni 1810 werd een publieke verkoop georganiseerd van de dieren van de koninklijke
menagerie. Deze vond geen doorgang, omdat
Napoleon alle dieren opeiste voor het Musée
d'Histoire Naturelle in Parijs.[24]

Epiloog
Uit brieven, notities en aankopen blijkt dat
Lodewijk Napoleon zich zeer voor tuinen en
tuinaanleg interesseerde. Smaakvol ingerichtte
paleizen en fraai aangelegde tuinen maakten deel
uit van de 'grandeur royale', waarmee hij zich om-
gaf. De koning stelde de Nederlanders Zocher en
Posth aan als tuinarchitecten, de Fransman Dufour als architect. Wat opvalt is dat Lodewijk
Napoleon de sobere Nederlandse tuinstijl trouw
bleef: exotische buitenissigheden als vervallen

hutjes, een bijzondere brug en een monument
in Egyptische stijl, die we in zijn Franse buiten
Saint-Leu tegenkomen, ontbreken in de Hollandse tuinen te enen male. Concluderend kan
gesteld worden dat Lodewijk Napoleon ook in
dit opzicht heeft getracht een Hollandse koning
te zijn. Zijn uit de Franse koker stammende idee
een 'Jardin du Roi' te stichten, valt hem dan ook
wel te vergeven.

Noten

1   Van der Pool-Stofkoper 1989, p. 125.
2   Peters 1914, pp. 25-32.
3   Evers 1916, p. 77.
4   Albers en Pemmelaar 1983, p. 39.
5   Nationaal Archief, Den Haag (NA), Archief Ministerie van
    financiën, Kroondomein, 1806-1813, inv.nr. 51, brieven
    van Lodewijk Napoleon aan intendant-generaal J.A. Twent
    van Kortenbosch, 1809, nr. 8, 17 juni 1809 en nr. 9, 4 juli
    1809.
6   Van der Pool-Stofkoper 1989, p. 131.
7   Oldenburger-Ebbers 1990, p. 36.
8   NA, Archief Ministerie van financiën: Kroondomein, 1806-
    1813, inv.nr. 57, diverse stukken, nr. 151: C. Reinwardt aan
    intendant-generaal J.A. Twent van Kortenbosch, 3 maart
    1809.
9   Loonstra 1985, pp. 108-109.
10 Bienfait 1943, p. 88.
11 Tromp 1987, p. 124.
12 Moes 2002, p. 67.
13 NA, Archief Ministerie van financiën, Kroondomein, 1806-
    1813, inv.nr. 109, ontwerpen en bestekken van werken aan
    de paleizen, 1806-1808.
14 Albers en Pemmelaar, 1983, p. 39.
15 Haaksma 1995, pp. 108-113.
16 Roegholt, 1982, p. 27.
17 Oldenburger-Ebbers et al. 1998, p. 137.
18 Van Swighem 1965, p. 169.
19 Van der Pool-Stoffels 1989, p. 125.
20 Wijnands et al. 1994, p. 143.
21 NA, Archief Ministerie van financiën, Kroondomein,
    1806-1813, inv.nr. 38, decreten, besluiten en beslissingen,
    10 november 1808.
22 Wijnands et al. 1994, p. 144.
23 NA, Archief Departement van Binnenlandse Zaken 1796-
    1813, inv.nr. 650, Lodewijk Napoleon aan intendant-
    generaal J.A. Twent van Kortenbosch, 22 mei 1809 en
    inliggende minuut ministerieel besluit.
24 Wijnands et al. 1994, p. 145.

George Sanders

Lodewijk Napoleon en de Orde van de Unie

De aanloop

Op woensdag 2 juli 1806 bracht Lodewijk
Napoleon in de staatsraad een voorstel ter sprake,
behelzende de instelling van een ridderorde 'ge-
naamd de Orden van de Unie.'[1] De raad keurde
het voorstel goed en benoemde uit zijn midden
een commissie van vier leden die tot taak had een
instellingsdecreet voor te bereiden. Deze commissie stond onder leiding van minister van Buitenlandse Zaken, mr Maarten van der Goes van
Dirxland (1751-1826). Met de grootst mogelijke
voortvarendheid toog de commissie aan het
werk. Precies een week later legde zij een voor-
lopig verslag van haar bevindingen af, waarna de
staatsraad bepaalde dat de orde vier klassen zou
tellen: grootkruis, commandeur, ridder en schild-
knaap, dat aan de orde een kapittel zou zijn verbonden en dat de eerste uitdeling van de ordetekenen en het jaarlijkse ordefeest te Amsterdam
plaats zouden vinden.

Inderdaad spreken de eerste nader uitgewerk-
te schetsen van het instellingsdecreet [31] van een
orde met vier klassen, maar van een kapittel of
jaarlijks ridderfeest wordt niet gerept. Wel bevat
één van de artikelen een duidelijke omschrijving
van het ordeteken: een gekroond Maltezer kruis,
rustend op een anker. Een leeuw met zwaard en
pijlenbundel siert de voorzijde van het medaill-
lon, terwijl de keerzijde drie ineengeslagen handen vertoont. Een in de marge bijgeschreven
aantekening maakt duidelijk dat de drie armen
het civiele, het militaire en de geestelijkheid
symboliseren. Voor de medaillons van de voorzijde maakte de schilder Charles Howard Hodges
(1764-1837) twee schetsen [32], terwijl een on-
gesigneerd blad [33] ontwerpen voor de keerzijde bevat.

Maar de koning vond de tekeningen niet
elegant genoeg. Daarop wendde Van der Goes
zich tot de Nederlandse ambassadeur te Parijs,
mr Gerard Brantsen (1735-1809), met het ver-

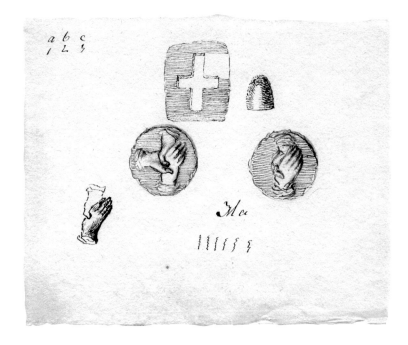

[34a-b] Ontwerptekeningen
voor het kruis van de Orde van
de Unie, Hortense (toeschrijving), juli 1806 *Paleis Het Loo
Nationaal Museum* [cat.nr. 77]

48

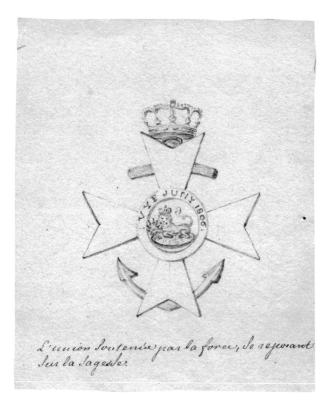

zoek de keizerlijke hofschilder Jean Baptiste Isabey (1767-1855) de opdracht te geven twee à drie
nieuwe schetsen te vervaardigen.[2] Uit het schrijven van de minister bleek dat inmiddels voor
nieuwe omschriften voor de medaillons was gekozen: op de voorzijde het devies 'Voor Koning
en Vaderland', en op de keerzijde de tekst '5 Junij 1806'. Bij de brief waren schetsen gevoegd,
waar Isabey zich naar diende te richten. Mogelijk
stamden deze van de hand van Hortense [34a-b],
die als een niet onverdienstelijk tekenaar gold.[3]

Op maandag 21 juli ontbood Brantsen Isabey
en toonde hem de schetsen die hij van Van der
Goes had ontvangen. Ofschoon Isabey op dat
moment met een opdracht van de keizer bezig
was, liet hij weten de ontwerpen de volgende
dag te leveren, zeggende 'qu'il ne pouvoit rien

refuser au Roy d'Hollande.' Maar nog dezelfde
avond ontving Brantsen een kort briefje, waarin
de kunstenaar uitstel tot woensdag vroeg: hij had
nieuwe invallen gekregen en liet weten niet drie,
maar zes tekeningen te zullen leveren [35a-e].
Inderdaad ontving Brantsen die woensdag de
toegezegde schetsen, die hij daags daarna aan Van
der Goes zond. Op zijn beurt stuurde Van der
Goes de tekeningen op 31 juli door aan de koning,
die te Mainz verbleef. Hij deelde mee dat Brantsen en hij unaniem voor Isabeys vijfde ontwerp
kozen: een witgeëmailleerd Maltezer kruis, gedekt met een koninklijke kroon in goud, rustend
op een staalkleurig anker. Wel dienden tussen de
kruisarmen vlammen aangebracht te worden. Als
omschrift stelden zij de spreuk 'Eendracht maakt
macht' voor. Wat de andere zijde van het kruis

[35a–e] Vijf genummerde
ontwerptekeningen voor het
kruis van de Orde van de Unie,
Jean Baptiste Isabey, juli 1806
Paleis Het Loo Nationaal Museum
[cat.nr. 78]

Lodewijk Napoleon en de Orde van de Unie

49

50

betrof, zo schreef Van der Goes: 'nous sommes tous d'accord que l'effigie de Vôtre Majesté serait plus convenable et certainement plus agréable que tout autre embléme.'

Op 3 augustus antwoordde de koning dat hij in hoofdlijnen met het ontwerp instemde, maar dat het omschrift 'Eendracht maakt macht' diende te worden gewijzigd in 'Eendracht maakt onze Hoop en Magt', terwijl het andere omschrift '5 juni 1806' kwam te vervallen. Tevens diende het middenschild geheel en al in wit uitgevoerd te worden met een gouden leeuw. Van der Goes kreeg de opdracht bij Isabey nieuwe ontwerpen te bestellen voor een kruis en een borstster. Op 16 augustus waren deze gereed. Brantsen gaf ze mee aan een hofdame van Hortense om ze aan de koning ter hand te stellen, die zich te Wiesbaden bevond. Kennelijk voldeden de tekening ditmaal wel, al werden op het laatste moment in het omschrift van de keerzijde de woorden 'onze Hoop en' onleesbaar gemaakt [36].

Op 24 augustus 1806 zond Lodewijk Napoleon de ontwerpen als bijlage bij een brief aan de keizer, waarin hij liet weten: 'je désirerais former un ordre de l'Union. Cela fera un grand bien.' Volgens de koning zou de orde 'simplement honorifique' zijn.[4] Napoleon was niet erg geporteerd van het voornemen van zijn jongere broer. Zeven dagen later antwoordde hij: 'il ne faut rien précipiter. Allez lentement', waarbij hij zijn broer adviseerde te wachten tot het moment van diens kroning. In de brieven die de broers in de volgende maanden wisselden, kwam de stichting van een ridderorde nog verschillende malen ter sprake, maar de keizer bleef het voorstel afwijzen.[5]

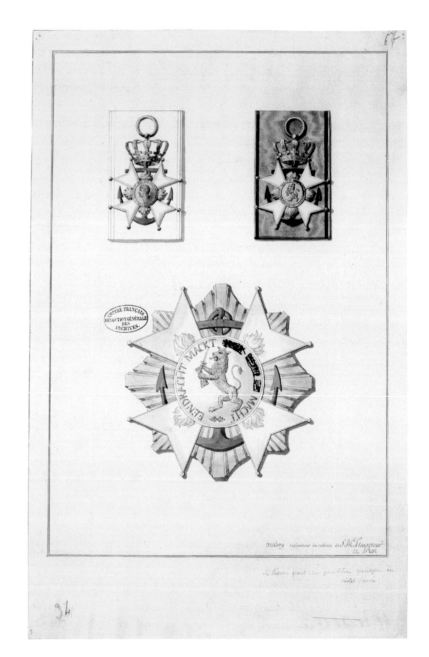

De instelling

Uiteindelijk besloot Lodewijk Napoleon om zonder toestemming van zijn broer te handelen. Bij wet van 12 december 1806 werden twee ridderorden gesticht: een 'groote Order van het Koningrijk, onder den naam van de Order van de Unie', en een 'Koninglijke Order van Verdiensten'. Op 16 december 1806 volgde een decreet met nadere bepalingen betreffende de ordeversierselen, de draagwijze, de eed, het kapittel en de kwalificaties voor opname in elk van beide orden.[6]

De Orde van de Unie zou uit maximaal 30 grootkruizen bestaan, terwijl de Orde van Verdienste ten hoogste 50 commandeurs en 300 ridders zou tellen. Van schildknapen was niet langer sprake. De versierselen van de Grote Orde van de Unie bestonden uit een 'breed hemelschblaauw gewaterd Lint, het welk als echarpe gedragen zal worden van de regter naar de linker zijde' en een borstster in de vorm van een 'gouden Plaat, met negen Punten of Pijlen, verbeeldende de negen Departementen; op dezelfde Plaat zal een zwemmende Leeuw met het devies *Luctor et Emergo* geplaatst worden.'

Het kruis van de Orde van Verdienste, zoals dat in artikel 6 van het decreet van 16 december werd omschreven, had sinds het schrijven aan de keizer de nodige wijzigingen ondergaan. Zo was het Maltezer kruis vervangen door een geheel nieuwe, uiterst ongebruikelijke vorm 'met vier groote Stralen, van elkander afgescheiden door vier kleinere Stralen.' Voor het omschrift van de keerzijde was gekozen voor de bekende spreuk 'Doe wel en zie niet om' en tussen de kruisarmen waren bijen geplaatst, een symbool van het Napoleontische keizerrijk [37]. De ordetekenen werden gedragen aan een zeegroen lint. Van het anker was inmiddels afgezien. Dat dit laatste element uit de koker van de koning zelf kwam, blijkt uit brieven die Lodewijk Napoleon in au-

gustus en september 1806 met algemeen secretaris van staat, mr Willem Frederik Röell (1767-1835), wisselde aangaande het staatswapen.[7] Klaarblijkelijk was het anker bedoeld als teken van hoop, maar voor Brantsen was het veeleer 'un attribut de la marine.'[8]

Tot slot regelde het decreet de aanstelling van Van der Goes tot grootkanselier der beide orden, alsmede de samenstelling van de kapittels. Het kapittel van de Orde van Verdienste vergaderde voor de eerste keer op 24 december. In de derde zitting op 2 januari 1807 werden 294 ridders benoemd. Tevens werd besloten vooralsnog af te zien van de benoeming van commandeurs.

Wijzigingen

Anderhalve maand na de benoeming van de eerste ridders, werden beide ridderorden bij wet van 14 februari 1807 samengevoegd tot de Koninklijke Orde van Holland. Deze telde drie graden: grootkruis, commandeur en ridder, met respectievelijk 30, 50 en 450 leden. In een geheim decreet van dezelfde dag werden enkele zaken aangaande de orde nader uitgewerkt.[9]

Het meest in het oog springende verschil met de Orde van Verdienste betrof het uiterlijk van de versierselen: de grondvorm was ongemoeid gelaten, maar de kruizen waren voorzien van nieuwe middenschildjes. Het portret van de koning op de voorzijde bleef ongewijzigd, maar de Hollandse leeuw op de keerzijde maakte plaats voor een 'zwemmende leeuw.' De band rond het medaillon was nu van blauw email, terwijl het zeegroene lint was vervangen door een hemelsblauw lint [38]. De in januari 1807 aangestelde ridders van de Orde van Verdienste werden niet opnieuw benoemd, maar gingen over naar de Koninklijke Orde van Holland. Op 16 en 17 februari werden uit de ridders commandeurs en grootkruizen benoemd.

Daarmee had de orde nog niet haar definitie-

ve vorm gekregen: eind 1807 introduceerde de wispelturige koning nieuwe wijzigingen. In een schrijven van 23 november 1807 deelde hij Van der Goes mee dat de naam van de orde in het vervolg Koninklijke Orde van de Unie zou lui-den. Opnieuw wijzigde ook het uiterlijk van de ordetekenen: de voorstelling met de zwemmen-de leeuw die tot dan toe de keerzijde had ge-vormd, werd nu voorzijde, terwijl voor de keer-zijde een nieuwe voorstelling was bedacht: 'een bondel pijlen, door een strik vereenigd, en om-ringd met een slang, die den staart in den bek heeft, met het omschrift: Eendragt maakt magt' [39]. Op 12 januari 1808 zond Van der Goes het nieuwe model van het ridderkruis aan Röell, met het verzoek het de koning ter goedkeuring voor te leggen.[10] Op 1 maart 1808 werden de ridders

opgeroepen het nieuwe ordeteken aan te schaffen.

Bij koninklijk decreet van 8 februari werden voor de Koninklijke Orde van de Unie statuten uitgevaardigd [40].[11] Deze waren uitgebreider dan alle tot dan toe verschenen reglementen. Nieuw waren bepalingen over de plicht de orde-tekenen in het openbaar te dragen, de aanstelling van een secretaris, een redenaar, een geschied-schrijver en een wapendrager, de protocollaire rang van de grootkanselier, de commanderijen van de orde, de ridderdag, de keten voor de grootkruizen, een ontridderingsbepaling en het dragen van buitenlandse onderscheidingen.

De herhaaldelijke wijzigingen hadden veel te maken met de afwijzende houding van de keizer. Zo liet hij op 7 januari 1807 weten de stichting van de beide ridderorden een overhaaste en bela-

[39] Koninklijke Orde van de
Unie, ridder, Martin Guillaume
Biennais naar Jean Baptiste
Isabey, 1808-1810 *Paleis Het
Loo Nationaal Museum, bruikleen
Rijksmuseum, Amsterdam*
[cat.nr. 93]

Lodewijk Napoleon en de Orde van de Unie

53

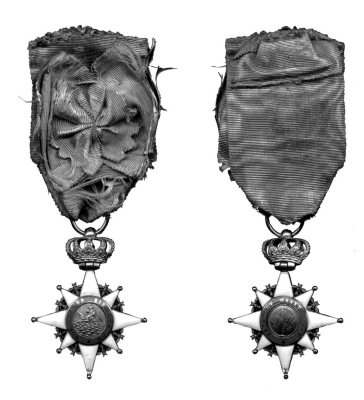

chelijke daad te vinden. In reactie hierop voegde
de koning de orden samen, waarna hij de keizer
op de hoogte bracht met de woorden 'je me suis
conformé à ce que V.M. m'a mandé, en décidant
le corps législatif à réunir les deux ordres.' Maar
Napoleon was allerminst tevreden. Anderhalve
maand later liet hij weten dat hij zijn onderdanen
had verboden de Hollandse ordetekenen te dragen. Ook klaagde hij over het grote aantal ver-
leende decoraties. En over het portret van de koning, dat de ordetekenen sierde, schreef hij:
'vous n'avez encore rien fait pour mériter que les
hommes portent votre portrait.'[12] Eind 1807 verdween Lodewijk Napoleons beeltenis van de
kruizen. Uiteindelijk aanvaardde de keizer in
april 1810 een benoeming in de orde. Maar op
dat moment was het lot van het koninkrijk Hol-

land zo goed als bezegeld en was de bewegings-
vrijheid van de koning, die zeer tegen zijn zin
aan het keizerlijke hof te Parijs verbleef, zeer be-
perkt.

Eenheid en verdienste
Voor Lodewijk Napoleon moet de stichting van
een eigen ridderorde een zwaarwegend pro-
grammapunt zijn geweest. En niet alleen om de
reden die in de considerans van het instellingsdecreet van december 1806 wordt genoemd dat
'onder de Monarchiën, Holland de eenigste is,
in welke geene Ridder-Orde bestaat.' Dat het
Lodewijk Napoleon om veel meer ging, blijkt uit
het tijdstip waarop hij zijn voorstel ter tafel bracht:
op dat moment was hij pas twee weken in Nederland. Bovendien had hij voor de nieuw te stich-

54

ten orde reeds een naam, een naam met een duidelijk programmatische lading: Orde van de Unie.

Een van 9 juli 1806 daterend stuk met de titel *Eerste Lijnen* [41], dat vermoedelijk door rijksarchivaris mr Hendrik van Wijn (1740-1831) werd geschreven, belicht de achtergronden van de stichting van de ridderorde. Al in de eerste regels wordt de toon gezet: 'de geschiedenis van Holland', zo schrijft Van Wijn, 'hoe roemrijk in velen opzigte, doedt [...] het menschelijk hart lijden, wanneer men schier op elke bladzijde, een verhaal ontmoet van de inlandsche oneenigheden die het vaderland verscheurden.' Aan deze partijstrijd was de Republiek ten onder gegaan. Slechts het inroepen van de hulp van het revolutionaire Frankrijk had redding gebracht. Met de troonsbestijging van Lodewijk Napoleon was de oude Republiek herschapen tot een koninkrijk, waarin voor tweedracht en partijstrijd geen plaats was. En in een bewogen oproep aan zijn landgenoten besloot Van Wijn: 'Hollanders, volk door Uwe opregtheid, braafheid, eerlijkheid beroemd, Gij zijt te vroeg afgeweken van de Gulden Spreuk Uwer voorzaten *Eendragt maakt magt*. Keer terug! eer het te laat is. Het uur slaat'!

In de ogen van koning was de Orde van de Unie een onmisbaar instrument om aan deze verdeeldheid een einde maken. Zij stond in het teken van de eendracht, en de eer en de verdienste van de in de orde verenigde ridders vormden daarvoor het fundament. De in de orde opgenomen ridders, schrijft Van Wijn, 'zullen de pijlers van Zijn Troon zijn.' En in de inleiding van de *Gedenkschriften* heet het zelfs: 'deze Orde is aan de Eendragt toegewijd; eendragt is haar grondslag. Zij moet niet slechts verschillende verdiensten, kundigheden en pogingen vereenigen [...] zij moet ook harten vereenigen.'[13]

Duidelijk komt het streven naar eenheid ook tot uiting in de symbolen die de ordetekenen na

2

Eerste Lijnen

NB. Ik kan dit in een andere
vorm geven als men wil.

De Geschiedenis van Holland, hoe
roemryk in velen opzigte, doet echter het
menschelyk hart lyden, wanneer men
schier op elke bladzyde, een verhaal ontmoet van de inlandsche oneenigheden
die het vaderland verscheurden.

't Is niet nodig in zulk eene ingrate
materie, alles van de vroegste tyden
op te halen, 't is niet nodig te gewagen
van de bekende factien van Hoeksche en
Cabeljauwsch die sedert de helft der
14e eeuw alles in vuur en vlam zetten.
Te midden, (dat vreemd is luid)
van den, veelal met der eenigde
krachten gevoerden oorlog tegen Spanje,
hielden de byzondere partyschappen
zoo over Religieuse als politique ge-
schillen, niet op, en zonder hun had
misschien de gelukkige uitkomst van
zulk een bloedig stryden, reeds lange
vóór het jaar 1648 plaats gehad.

Na dat gedenkwaardig jaar zelve,
na de erkende vryheid dezer Landen by
(de Munstersche Vrede) sliepen de in-
wendige twisten niet, en terwyl de
republiek door dappere en ervarene
lieden van talbacel en degen tot den
hoogsten welvaart en luister wierd
gevoerd, ondermynden zy van tyd tot
tyd in Staats en Stadhouderlyke Regering de fundamenten van het gebouw
en der Zwakte het zelve in deze laatste tyden zoo zeer dat het al wederom
in wroedsel, en, zodat door Revolutien
op Revolutien, die uit nieuwe oneenigheden hunnen gevaarlyken oorsprong
namen

56

de laatste wijziging van eind 1807 sierden: op de keerzijde vinden we de pijlenbundel met als omschrift het devies van de oude Republiek: 'Eendragt maakt Magt.' Overigens verwees de naam van de nieuwe ridderorde ook nadrukkelijk naar de Unie van Utrecht, het fundament van die Republiek. Dat blijkt uit artikel 9 van het reeds genoemde eerste ontwerp van het instellingsdecreet, waar het jaarlijks te houden kapittel ter sprake komt: als datum staat 23 januari vermeld, de dag waarop de Unie van Utrecht werd getekend [42].

In de Orde van de Unie verenigde de koning de bestuurlijke en militaire elite van het koninkrijk: we vinden ministers en hoofden van hoge bestuurscolleges, naast de grootofficieren van het Huis des Konings en de bevelhebbers van de strijdkrachten. Daarnaast werden velen in de orde opgenomen vanwege werkelijke verdiensten jegens het vaderland. Onvermijdelijk was de blik daarbij in eerste instantie op het verleden gericht. Zo waren de militairen, die met de Doggersbank Medaille waren onderscheiden, 'geregtigd Leden van de Koninklijke Orde van Verdiensten te zijn.' Dat het bij de uit 1781 daterende medaille om een door stadhouder Willem V ingestelde beloning ging, deed kennelijk minder ter zake dan het feit dat de onderscheiding een zeeslag tegen de Engelsen herdacht.

Na 1806 speelden ook verdiensten uit de eigen tijd mee: zo werden vele militairen gedecoreerd voor betoonde moed in de strijd in Duitsland en in Spanje.[14] Ook verschillende marineofficieren werden in de orde opgenomen, zoals Jan Justus Dingemans, die in maart 1807 de vlag van een Engelse brik buit had gemaakt. Maar ook verdienstelijke burgers werden beloond: zo hadden de benoemingen van de Leidse commandant van de gewapende burgerij, mr Petrus Cunaeus, en van predikant Simon Prins uit Ochten alles te maken met de Leidse kruitramp van 1807 en de Gelderse watersnood van 1809.[15]

Uiterlijk vertoon

Het grootste deel van de ordetekenen werd vervaardigd door de Parijse hofjuwelier Martin Guillaume Biennais (1764-1843). De Parijse graveur George, die door Isabey bij de koning was geïntroduceerd, kort voordat de laatste naar Nederland vertrok, sneed de stempels voor het portret dat de voorzijde van de ordetekenen siert.[16] Vanaf 1808 trad de Amsterdamse firma Ciovino & Gebr. Truffino op als leverancier van ordetekenen.

De wijzigingen, die de ordekruizen tot tweemaal toe ondergingen, werden in het atelier van Biennais doorgevoerd. Het betrof eenvoudige aanpassingen, waarbij alleen de in de kruizen bevestigde medaillons werden vervangen. Lodewijk Napoleon schreef hierover aan Van der Goes: 'les matrices, les empreintes se trouvent tout faits chez Biennais, il lui faudra peu d'heures pour faire ce changement aux croix qu'il a chez lui déja confectionnée et à celles que vous lui avez commandées.'[17] Dat dit inderdaad op deze wijze geschiedde, blijkt uit de losse medaillons van het ridderkruis van de Orde van Verdienste, die ds. Martinus Stuart (1765-1826) bewaarde, nadat deze orde in februari 1807 had plaats gemaakt voor de Orde van Holland [43].

In 1808 werden de statuten uitgebreid met bepalingen aangaande het ordekostuum voor alle leden van de orde, en de keten, die alleen door de 30 ridders-grootkruis gedragen diende te worden. Van het donkerblauwe ordekostuum met rode kraag en mouwomslagen en de bijbehorende witte broek en kousen bestaan alleen nog afbeeldingen [44]. Van de massief gouden keten, waarin de wapenschilden van de elf departementen van het koninkrijk waren verwerkt [45], bestaan voor zover bekend twee exemplaren: beide in Franse verzamelingen. De ridders-grootkruis moesten de ketens voor eigen rekening bij de Amsterdamse juweliersfirma Ciovino & Gebr.

Art. 9.

Il sera tenu régulièrement chaque
année, un Grand chapitre de cet
ordre. – Cette Solemnité sera le 23
Janvier de chaque année, en com-
memoration de la Signature de
l'Union d'Utrecht. – Elle aura lieu
a l'Hotel de Ville d'Amsterdam.

Art. 10

qui aura lieu ~~chaque année~~
le 5 de juin jour de notre
avénement au trone d'Hollande
dans l'hotel de Ville
d'Amsterdam notre Capitale

Ridder van de Koninklijke Orde der Unie

[45] Keten van de Koninklijke
Orde van de Unie, Alphonse
Pierre Giraud, 1808 *Paleis Het
Loo Nationaal Museum* [cat.nr.
101]

58 Truffino laten maken; na overlijden dienden de
ketens bij de grootkanselier te worden ingele-
verd, waarna de kosten van vervaardiging à rai-
son van *f* 1575 aan de nabestaanden werden te-
rugbetaald. Ten eigen gerieve bestelde Lodewijk
Napoleon bij Ciovino & Gebr. Truffino op 27
december 1808 een met diamanten afgezette keten. De juweliersfirma bracht hem een bedrag
van *f* 27.100 in rekening [46].

Het jaarlijkse hoogtepunt voor de orde vormde de groots opgezette bijeenkomst, waarbij de
nieuwe ridders op plechtige wijze in de orde
werden opgenomen. Tussen 1806 en 1810 vond
deze plechtigheid drie maal plaats: de eerste keer
op maandag 16 februari 1807 in de troonzaal van
het koninklijk paleis aan het Binnenhof te Den
Haag, de beide volgende malen in de grote zaal
van het Paleis op de Dam, respectievelijk op
maandag 25 april 1808 en maandag 4 september
1809. Al vroeg in de ochtend werd de plechtigheid door saluutschoten aangekondigd. De orde-
leden en de nieuwe ridders verzamelden zich op
het afgesproken tijdstip in de troonzaal (zie afb. 4,
p. 15), waar de koning na verloop van enige tijd
binnentrad, onder het spelen van militaire muziek en gesecondeerd door de officieren van zijn
Huis. Na een korte, formele toespraak door de
grootkanselier nam de koning zelf het woord
[47] om de nieuwe ridders op te roepen tot het
afleggen van de eed. Daartoe was, op een voor de
troon geplaatste *crédence* een bijbel geplaatst. De
nieuwe ridders knielden en legden, met de hand
op het evangelie, de eed af. Daarna begaven zij
zich naar de troon, waar zij, staande op de tweede trede, uit handen van de koning het ordeteken ontvingen. De versierselen werden de koning door de grootkanselier op een grote gouden
schaal aangereikt. De plechtigheid eindigde met
een lange toespraak van de redenaar van de orde,
waarin hij de ridders herinnerde aan de doelstel-
lingen van de orde, en waarin hij de ridders die

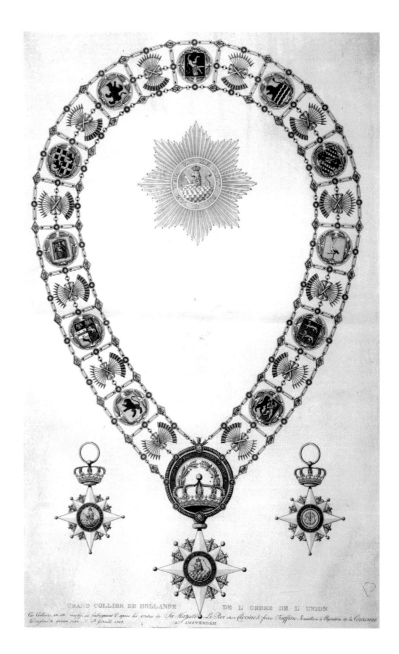

[46] Rekening voor een keten van de Koninklijke Orde van de Unie bestemd voor Lodewijk Napoleon. Ciovino en Gebr. Truffino, 27 december 1808
Nationaal Archief, Den Haag
[cat.nr. 72]

[47] Redevoering uitgesproken door Lodewijk Napoleon op het derde feest van de Koninklijke Orde van de Unie, vóór 3 september 1809, met op de achterzijde: 'dit is het originële discours door Zijne majesteit zelve uitgesproken, en ten dien eind door den Secretaris *van Zuylen* in gereedheid gebracht'
Paleis Het Loo Nationaal Museum
[cat.nr. 107]

[48] Keizerlijke Orde van de
Reunie, ridder, gedragen door
ds. Martinus Stuart, 1811-1813
Paleis Het Loo Nationaal Museum
[cat.nr. 129]

[49] Lodewijk Napoleon en zijn
zoon Napoleon Lodewijk,
staande bij een antieke inscriptie, Jean Baptiste Wicar, 1818
Museo Napoleonico, Rome [bui-
ten tentoonstelling]

de orde waren ontvallen, herdacht. Na afloop van de feestelijke bijeenkomst vonden een bal en een souper plaats.

Het einde

Op 1 juli 1810 deed Lodewijk Napoleon afstand van de troon. Acht dagen later werd het koninkrijk Holland bij Frankrijk ingelijfd. Na de inlijving vonden geen nieuwe benoemingen in de Orde van de Unie plaats. Wel werden de versierselen nog steeds gedragen. Om hieraan een einde te maken, stelde Napoleon bij zijn bezoek aan zijn Hollandse departementen in oktober 1811 een nieuwe ridderorde in: de Keizerlijke Orde van de Reünie.[18] Artikel 12 van het instellingsdecreet, dat de keizer op het Paleis op de Dam ondertekende, luidde: 'l'ordre royal de l'Union est éteint et supprimé.' De ridders van de Orde van de Unie gingen over naar de Orde van de Reünie [48].

Slechts de graaf van Saint-Leu, de voormalige koning van Holland, maakte nog gebruik van de Orde van de Unie en zijn symbolen. Zo verzegelde hij de enveloppen van brieven die hij na zijn abdicatie schreef, met een lakstempel met de zwemmende leeuw en het omschrift 'Doe wel en zie niet om' en liet hij zich omstreeks 1818 met zijn zoon Napoleon Lodewijk (1804-1831) portretteren door Jean Baptiste Wicar (1762-1834), terwijl hij duidelijk zichtbaar de versierselen droeg van de Orde van de Unie [49].[19]

Noten

1 Voor de door Lodewijk Napoleon gestichte orden, zie Schutte 1985, Van Zelm van Eldik 2003, deel I, pp. 100-161 en Sanders 2006.

2 Voor de brieven van Brantsen aan Van der Goes, zie Nationaal Archief, Den Haag (NA), Archief Van der Goes, inv.nr. 16.

3 Chaudonneret 1993, p. 41 e.v.

4 Rocquain 1875, Lodewijk Napoleon aan Napoleon, 24 augustus 1806.

5 Ibidem, Lodewijk Napoleon aan Napoleon, 24 augustus, 7 en 12 september en 21 november 1806; Napoleon aan Lodewijk Napoleon, 31 augustus en 15 september 1806.

6 Schutte 1985, p. 30, bijlage I (wet van 12 december 1806); ibidem, pp. 31-32, bijlage II (decreet van 16 december 1806).

7 NA, Archief Röell, inv.nr. 68, brieven van W.F. Röell aan Lodewijk Napoleon, 13 en 14 augustus en 15, 17 en 19 september 1806; Archives Nationales Parijs, Archief van het Kabinet van Lodewijk Napoleon, AF IV 1822.1, brieven aan de secretaris van Staat, p. 13b, Lodewijk Napoleon aan Röell, 7 augustus 1806. Met dank aan drs E. Starkenburg, VU Amsterdam, die mij gebruik liet maken van haar transcripties.

8 NA, Archief Van der Goes, inv.nr. 16, Brantsen aan Van der Goes, 14 augustus 1806.

9 Schutte 1985, p. 34, bijlage IV (mededeling van Lodewijk Napoleon aan het Wetgevend Lichaam); ibidem, pp. 34-35, bijlage V (geheim decreet); ibidem, pp. 35-36, bijlage VI (geheim decreet).

10 NA, Archief Röell, inv.nr. 118, ingekomen brieven A t/m G, Van der Goes aan Röell, 12 januari 1808.

11 Schutte 1985, p. 36, bijlage VII.

12 Rocquain 1875, Napoleon aan Lodewijk Napoleon, 7 januari en 4 april 1807; Lodewijk Napoleon aan Napoleon, 22 februari 1807.

13 *Gedenkschriften*, p. 5.

14 Voor de officieren die voor hun optreden in Duitsland in de Orde werden opgenomen, zie Van der Hoeven 1994, p. 69 e.v.

15 Van Zelm van Eldik 2003, deel I, pp. 115-116.

16 NA, Archief Ministerie van Buitenlandse Zaken 1806-1813, inv.nr. 189, George aan Lodewijk Napoleon, 25 maart 1808.

17 Van Zelm van Eldik 2003, deel I, p. 113, noot 16.

18 Voor de Orde van de Reünie, zie Stalins 1958.

19 NA, Archief Röell, invnr. 74. Met dank aan dr A.J.C.M. Gabriëls, Instituut voor Nederlandse Geschiedenis te Den Haag, die mij op het schilderij van Wicar wees, en dr. G. Gorgone, Museo Napoleonico, Rome.

Wies Erkelens

De 'patriottische intentie' van Lodewijk Napoleon: tafelstukken en pendules uit Parijs

Ter stimulering van de Nederlandse nijverheid bestelde Lodewijk Napoleon het meubilair en de luxe voorwerpen bedoeld ter inrichting van zijn paleizen bij voorkeur hier te lande. Wel dienden zij te zijn aangepast aan de heersende Franse smaak en mode. Zijn streven Hollands zelfstandigheid te bewaren en zijn koninkrijk niet op te laten gaan in het Franse keizerrijk, verhinderde niet dat de koning bij de inrichting van zijn vele verblijven de door Napoleon gecultiveerde empire-stijl volgde. Ook de organisatie van zijn hof en de daartoe opgestelde etiquette werden op Franse leest geschoeid.

Goud op zilver

Vrijwel onmiddellijk na zijn benoeming tot koning van Holland liet Lodewijk Napoleon de *Étiquette du Palais Royal* in druk verschijnen. Het is een aan het koninkrijk aangepaste versie van de in 1805 voor het eerst uitgebrachte *Étiquette du Palais Impériale*. Tot koning benoemd over een land dat tot dan toe een republiek was geweest, ontbeerde Lodewijk Napoleon bij het stichten van een koninklijk hof met de daarbij behorende hofhouding en omgangsregels een voorbeeld waar hij op terug kon grijpen. In 1804 had Napoleon zich voor vergelijkbare problemen gesteld gezien: daar hij via een staatsgreep aan de macht was gekomen, kon hij zich niet als opvolger presenteren van de mede door zijn toedoen verdreven Franse koningen. Zowel bij de keizerskroning als ook bij de inrichting van zijn hof nam hij Karel de Grote én het Heilige Roomse rijk tot voorbeeld.[1] Een bijkomend probleem was dat de mensen waar hij zich mee omringde, niet, zoals onder de Franse koningen het geval was geweest, door hun opvoeding vertrouwd waren met de gang van zaken aan een koninklijk hof. De gedrukte etiquette diende in zekere zin dan ook als een instructieboek voor de nieuwe hovelingen.

Eén van de hoofdstukken uit de *Étiquette Royal* is gewijd aan de maaltijden van de koning en de koningin. Bij de hiertoe voorgeschreven ceremonie werd op belangrijke punten het ritueel gevolgd, waarmee aan het Bourbonse hof de koninklijke waardigheid tot uitdrukking werd gebracht. Artikel v bepaalt de tafelindeling: het *couvert* van de koning wordt rechts geplaatst, dat van de koningin links. Bij beiden hoorde een *nef* en een *cadenas*, die respectievelijk rechts en links van de *couverts* op tafel staan. Het hebben van een *nef* en een *cadenas* vormde het privilege van de koning. Deze kostbare pronkstukken, gemaakt van goud of zilver, soms bezet met edelstenen, vinden hun oorsprong aan het Bourgondische hof. De *nef* had de vorm van een schip en bevatte oorspronkelijk het kostbare zout. Later, zoals in de tijd van koning Lodewijk XIV (1638-1715), diende het als houder voor het koninklijk servet. De *cadenas*, dat letterlijk slot betekent, bestond uit een afgesloten compartiment met bestek, tandenstoker, zout en peper, en een plat gedeelte voor het servet. Deze voorwerpen zijn zozeer in de Franse traditie geworteld, dat zij ook in andere talen hun Franse benamingen behielden.

Deze in artikel v bepaalde opstelling geldt voor het *grand couvert*, dat wil zeggen voor de officiële maaltijd. Bij de *diners en petit couvert* staan de *nefs* op de desserttafel en blijven de *cadenas* achterwege. Tenslotte geldt als regel dat bij het tafeldekken de *couverts* op een minstens voor de helft afhangend servet moeten worden gezet, zodat door dit terug te slaan het *couvert* geheel wordt bedekt. Op deze wijze werd ook in het Ancien Régime voor de koningen gedekt. Het bedekken en gesloten houden van het tafelgerei waren oorspronkelijk bedoeld om vergiftiging te voorkomen. Om dezelfde reden werden tijdens het Ancien Régime de gerechten en dranken in het bijzijn van de koning voorgeproefd.

64   Hoewel nauwkeurig beschreven in de *Étiquette* is
het niet zeker of Lodewijk Napoleon en Hortense daadwerkelijk een *nef* en een *cadenas* bezaten.
Keizer Napoleon liet zich tijdens het banket ter
gelegenheid van zijn intocht in Parijs na zijn kroning door de stad een groot verguld zilveren servies inclusief *nefs* en *cadenas* schenken. Lodewijk
Napoleon is niet gekroond. Zeker is dat de stad
Amsterdam nooit de gelegenheid heeft gehad om
hem deze voorwerpen te schenken. Wel staat
vast dat zijn *couvert*, dat wil zeggen de door hem
gebruikte borden en bestekken, van koninklijke
allure waren: ze waren in vermeil, verguld zilver,
uitgevoerd. Tot de inboedel die koning Willem I
in 1813 in de paleizen aantrof, behoorde ook ser-
viesgoed, waaronder verguld zilveren borden en
bestekken, gegraveerd met het wapen van de koning van Holland, en servies van Amstelporselein. Aanvankelijk gebruikte hij het servies in
vermeil, ondanks dat dit de wapens van zijn
voorganger droeg. Van Hogendorp verbaasde
zich hierover.[2] Ten slotte werd op aandringen
van de hofmaarschalk besloten het wapen te vervangen door dat van de Soeverein Vorst.[3] Door
de overeenkomst in samenstelling van de twee
wapens was het niet nodig de kwartieren met de
Hollandse leeuw opnieuw te graveren. Het is
echter niet te zien hoe men te werk is gegaan.
Deze gegevens uit het archief van de hofmaarschalk worden bevestigd door een groot aantal
zilveren bestekken, schalen en borden in de collectie van de zilverkamer van de Koningin met
jaarletters uit de periode-Lodewijk Napoleon,
zowel van Franse als Hollandse makelij. De schalen en borden, met palmetrand, zijn van Martin
Guillaume Biennais, Diederik Willem Rethmeyer en Daniel Pijzel, de Franse bestekken zijn van
Pierre Benoit Lorillon, Jean Toulon en Jean Baptiste Verrier, de Haagse van François Marcus Simons en de Amsterdamse zilversmeden Roelof
Helweg en Hendrik Overhulsman [51]. Waar-

[52] Pendule 'Caesar', aangekocht voor het Paleis op de
Dam, ca 1808 *Koninklijke
Verzamelingen, Den Haag*
[cat.nr. 162]

De patriottische intentie van Lodewijk Napoleon: tafelstukken en pendules uit Parijs

schijnlijk zijn de Franse stukken de Hollandse zilversmeden als voorbeeld gegeven. Overigens liet Willem I niet alleen de wapens op de borden en het bestek aanpassen. Ook liet hij het goud verwijderen, waardoor het zilver weer zichtbaar werd. Het is niet bekend om welke reden dit geschiedde. Mogelijk schrok de koning terug voor een te groot vertoon van weelde. Wellicht ook had het te maken met zuinigheid. Of misschien moet aan een combinatie van beide gedacht worden. Het porseleinen servies tenslotte was vervaardigd door de door Lodewijk Napoleon gesteunde fabriek van Amstelporselein Dommer & Comp.[4]

Goud op brons

In het koninkrijk Holland ontbrak het aan fabrieken die een goede kwaliteit verguld bronzen voorwerpen, zoals kandelabers, luchters, tafelstukken, vuurbokken en pendules konden produceren. Lodewijk Napoleon zag zich dan ook genoodzaakt zich tot Frankrijk te wenden. Zo liet intendant Marinus Adriaan Perpetuus Smissaert (1773-1819) de koning op 22 oktober 1808 weten ervan overtuigd te zijn, dat het onmogelijk was in Holland bronzen luchters voor de grote zaal van het Paleis op de Dam te laten maken. Iemand had beweerd dat wel te kunnen, maar toen de intendant aandrong om de werkplaatsen te mogen zien, moest de leverancier uiteindelijk bekennen dat het getoonde exemplaar geheel uit Parijs was geïmporteerd en hier in elkaar gezet. En dat was niet in overeenstemming met 'l'intention patriotique' van de koning.[5]

De productie van verguld brons was het werk van de *bronzier,* een uitsluitend Frans beroep waarin gieter, ciseleur en vuurvergulder samengingen. In het begin van de negentiende eeuw stond deze kunst in Frankrijk op een niet te evenaren hoog peil. Kasten van pendules behoorden tot de grootste en in artistiek opzicht belangrijk-

66 ste werken van de 'bronziers'. Het Franse oog
voor uiterlijk had er in de loop van de achttiende
eeuw toe bijgedragen dat men in Frankrijk meer
belang aan de kasten van de klokken hechtte dan
aan het uurwerk. In het begin van de negentiende eeuw waren de Franse klokken uitgegroeid
tot fraaie, vergulde beeldhouwwerken. Eén van
de vermaardste *bronziers* was Antoine André
Ravrio (1759-1814). Hij had een groot atelier in
Parijs aan de rue de la Loi en leverde veel aan de
keizerlijke familie. Tijdens een bezoek aan Parijs
in 1809 huurde Lodewijk Napoleon kroonluchters en kandelaars van hem, die hij later voor zijn
Franse verblijven aankocht.[6] Op verzoek van
Lodewijk Napoleon maakte Ravrio een reis naar
Den Haag om te spreken over kroonluchters en
pendules in het paleis te Amsterdam. Op 10 september 1808 schreef de vermaarde *bronzier* aan
Jean Thomas Thibault, de architect belast met de
inrichting van de paleizen: 'il vous reste encore à
moi un nombre plus considérable de Dessins,
dont vous avez bien voulu permettre que je vous
embarassasse, lors de mon voyage à la Haye ces
Dessins se composent de Pendules, candélabres
lustres etc etc etc partie grands comme nature et
partie en petit, à ces dessins rayés par ordre de nu-
méro, est jointe une note de prix.'[7] Helaas konden de tekeningen nog niet worden gevonden,
zodat niet exact bekend is om welke voorwerpen
het ging. Evenals andere *bronziers* signeerde Ravrio
zijn werken zelden. Zonder signatuur zijn zij alleen toe te schrijven, als dat uit andere bronnen
blijkt. Voor de Hollandse paleizen ontbreken directe rekeningen die op dit punt duidelijkheid
zouden kunnen verschaffen, daar de leverantie
via Hollandse firma's verliep: aanvankelijk via de
Haagse klokkenmaker P. Reeder en later, na
moeilijkheden met hem, via de Amsterdamse
firma Ciovino & Gebr. Truffino. Twee pendules
van Lodewijk Napoleon zijn echter wel gesigneerd: 'Telemachus en Mentor' op Paleis Het

Loo en 'La Lecture', een klok met boekenkast,
buste van Homerus en een lezende vrouw, die
zich thans in de Lakenhal te Leiden bevindt.
Volgens de overlevering zou de klok een geschenk van Lodewijk Napoleon zijn geweest.
De suggestie dat de lezende vrouw Hortense
zou voorstellen, berust op fantasie.[8]

Vrijwel alle empire-klokken zijn *pendules à
sujet*, klokken met een voorstelling. De onderwerpen en taferelen die gekozen werden, waren
aan mode onderhevig. Geregeld werden pendules dan ook in modetijdschriften besproken.[9] De
voorgestelde scènes waren soms ontleend aan
populaire romans, schilderijen of opera's. Ofschoon benamingen uit inventarissen en rekeningen bekend zijn, is door de tijdgebondenheid
de precieze betekenis van de voorstelling en de
herkomst ervan niet altijd te achterhalen. De aan
Lodewijk Napoleon geleverde klokken waren
van hoge kwaliteit en van enkele zijn geen andere exemplaren bekend. De onderwerpen zijn
merendeels ontleend aan de klassieke oudheid en
de romantiek.

De grootste en belangrijkste klok toont
Napoleon als Caesar [52]. Gekleed in toga staat
de keizer naast de console met het uurwerk. De
console is geheel verguld en gedecoreerd met
een zittende veldheer, afgelegde wapenrusting
en symbolen van het Romeinse rijk. Op de marmeren voet zijn aan de zijkanten Napoleontische
bijen en lauwerkransen aangebracht en op de
voorzijde klassieke figuren die handel, wetenschap, kunsten en geschiedschrijving lijken te
symboliseren. Napoleon wordt voorgesteld als
de keizer die, na geleverde strijd, land en volk de
mogelijkheden tot handel, kunsten en wetenschap teruggeeft.

Op het paleis van Compiègne is een vergelijkbare klok van de *bronzier* Lucien François
Feuchère. Hier staat op de console Caesar zelf,
uitgebeeld als veldheer. De console mist de *fasces*,

de helm heeft geen adelaar, de afgelegde wapenrusting ontbreekt en het reliëf op de voet stelt
een triomftocht voor.[10] De klok, die voor ƒ 4200
via Reeder werd aangekocht, was de duurste die
Lodewijk Napoleon in zijn bezit had. Hij stond
in de 'salon des princes' van het paleis van Amsterdam.

Een andere klok met koninklijke symboliek,
zij het niet zo evident, is de boven genoemde
'Telemachus en Mentor' [53], met een scène uit
de roman *Les Aventures de Télémaque, fils d'Ulysse*
(1699) van François de Salignac de la Mothe
Fénelon (1651-1715), gouverneur van de klein-
zonen van de Franse koning Lodewijk XIV. Het
boek was tevens geschreven als instructieboek
voor koningskinderen. In Lodewijk Napoleons
bibliotheek op Paleis Het Loo bevond zich het
werk zowel in het Frans als in de Nederlandse
vertaling. De passage die wordt uitgebeeld, staat
in het Latijn op de voet: 'Deos Verentibus Nulli
Timendi Mortales.' In het Frans luidt de tekst:
'Souvenez-vous que ceux qui craignent les
Dieux, n'ont rien à craindre des hommes' (Be-
denk dat wie de goden vreest, niets van de mensen te vrezen heeft). De gebaren van Mentor, de
linkerhand afwerend omlaag en de rechter om-
hoog wijzend, symboliseren de maningen tot
verzaking van nutteloze strijd en tot vertrouwen
in de hogere, goddelijke macht. Telemachus
geeft hieraan gehoor met tot de godheid opgehe-
ven blik, de plaatsing van zijn linkerhand op het
hart en de rechterhand op de afgelegde helm en
zwaard. Van deze klok zijn nu geen andere exemplaren bekend, maar volgens de rekeningen bestelde keizer Napoleon twee pendules met hetzelfde onderwerp. Gezien de plaatsing op Het
Loo in het 'Grand Cabinet du Roi' moet het een
van Lodewijk Napoleons favoriete klokken zijn
geweest. In de slaapkamer had de koning nog
een pendule met een scène uit *Les Aventures de
Télémaque* staan: 'De triomf van Telemachus' [54],

[55] Pendule 'De eed der Horatiërs, aangekocht voor het Paleis op de Dam, ca 1808 *Koninklijke Verzamelingen, Den Haag* [cat.nr. 160]

[56] Pendule 'De studie en de lichtzinnigheid', aangekocht voor het Paleis op de Dam, Pierre Philippe Thomire, ca 1808 *Koninklijke Verzamelingen, Den Haag* [cat.nr. 161]

waar de held dankzij het ingrijpen van de godin Athene een wagenrennen wint. De voorstelling van deze pendule, naar ontwerp van Jean André Reiche (1752-1817), was bijzonder populair. Er zijn verschilllende klokken van bekend. Op de na 1815 gemaakte exemplaren werd de Napoleontische adelaar op het voetstuk vervangen door een ornament met figuren. Een voorbeeld hiervan, aangekocht door koning Willem I, bevindt zich in de collectie van het Paleis op de Dam.

De verdeling van de pendules over de paleizen
De meeste pendules bevonden zich op het Paleis op de Dam: hier stonden er maar liefst zestien, op Paleis Het Loo twaalf, en in Utrecht en Haarlem ieder vier. Tot de grote klokken in Amsterdam behoren 'De eed der Horatiërs' [55], 'Anacréon gewekt door de liefde' [57] en 'De studie en de lichtzinnigheid' [56]. De eerste is een vaker voorkomende klok naar het bekende schilderij van Jacques Louis David (1748-1825). Van de 'Anacréon gewekt door de liefde' bevinden zich twee exemplaren in Amsterdam. In de inventaris is er één terug te vinden, toepasselijk in de slaapkamer van de koning. Bij 'De studie en de lichtzinnigheid' tracht de lichtzinnigheid, gerepresenteerd als een jonge vrouw, een eveneens klassiek geklede jongeman weg te trekken van het opengeslagen boek met wiskundige figuren. In het verhaal of geschrift waar deze scène op gebaseerd is, moeten de pogingen van de 'frivolité' tevergeefs zijn geweest. De pendule stond in de slaapkamer van het appartement van de prins. De klok is van de hand van de bekende 'bronzier' Pierre Philippe Thomire (1751-1843).

Klassieke onderwerpen waren in Amsterdam 'De jacht van Diana' en 'Apollo' [58], op Het Loo 'Oedipus en Antigone' [59], 'De vestaalse maagd'

[57] Pendule 'Anacréon gewekt
door de liefde', aangekocht
voor het Paleis op de Dam,
ca 1808 *Koninklijke Verzamelingen, Den Haag* [buiten ten-
toonstelling]

[58] Pendule 'De jacht van Diana', aangekocht voor het Paleis op de Dam, ca 1808
Koninklijke Verzamelingen, Den Haag [buiten tentoonstelling]

[60], 'Urania', de muze van de sterrenkunde [61], 'De triomf van Diana' [62], 'Apollo met zijn lier' [63] en 'De eed van Achilles' [64] en in Haarlem 'Urania', 'Diana' en 'Jason et Medea'. Op de pendule met de Vestaalse maagd, die zich nu op Paleis Noordeinde bevindt, zijn het niet de wijzers die draaien, maar een horizontale, geëmailleerde ring, waarop de uren staan aangegeven. Vaste wijzer is de tong van een naar boven slingerende slang. De scène op 'Oedipus en Antigone', waar de blinde Oedipus zijn armen zegenend uitstrekt over zijn dochter, is ontleend aan de opera 'Oedipe à Colonne' op tekst van Guillard en muziek van Sacchini, die in 1785 in première ging en tot in de negentiende eeuw populair was.

Romantisch van karakter zijn 'De troubadour' [65], 'Het liefdeslied' [66], 'De verzoening' [50], 'De trouwe herder' [67], 'Een negerin', 'De schipbreuk' [68], 'De verrassing van de roos' [69] en 'Paul et Virginie'. Behalve 'De troubadour' en 'Een negerin' zijn de figuren op deze klokken klassiek gekleed. 'De verzoening', met een elkaar omhelzend paar, stond, gezien het slechte huwelijk van het koningspaar, op een merkwaardige plaats: de slaapkamer van Hortense op Het Loo. De hier meer toepasselijke pendant, 'De Ruzie', met van elkaar afgewende figuren, kwam in de Hollandse paleizen niet voor.

De pendule 'Paul et Virginie' bevindt zich jammer genoeg niet meer in Nederland. Dit was mogelijk eenzelfde pendule als Napoleon in 1802 door Thomire liet maken om te vereren aan Bernardin de Saint-Pierre (1737-1814), schrijver van de gelijknamige roman.[11] Ten slotte is er een pendule die in de inventaris als 'un portique' wordt beschreven, een klok met Egyptisch aandoende ornamenten. De overige klokken staan in de inventarissen zonder verdere naamsaanduiding als pendule te boek.

71

[61] Pendule 'Urania', aangekocht voor het Paleis Het Loo,
ca 1808 *Paleis Het Loo Nationaal
Museum* [buiten tentoonstel-
ling]

[62] Pendule 'De triomf van Diana', aangekocht voor het Paleis Het Loo, ca 1808 *Koninklijke Verzamelingen, Den Haag* [buiten tentoonstelling]

[63] Pendule 'Apollo met zijn lier', aangekocht voor het Paleis Het Loo, ca 1808 *Paleis Het Loo Nationaal Museum* [buiten tentoonstelling]

De patriottische intentie van Lodewijk Napoleon: tafelstukken en pendules uit Parijs

73

74

[65] Pendule 'De Troubadour',
aangekocht voor het Paleis
Het Loo, 1808 *Paleis Het Loo
Nationaal Museum* [buiten
tentoonstelling]

De patriottische intentie van Lodewijk Napoleon: tafelstukken en pendules uit Parijs

75

[66] Pendule, 'Het Liefdeslied', aangekocht voor het Paleis Het Loo, ca 1808 *Koninklijke Verzamelingen, Den Haag* [buiten tentoonstelling]

[67] Pendule 'De Schipbreuk', aangekocht voor het Paleis op de Dam, ca 1808 *Koninklijke Verzamelingen, Den Haag* [buiten tentoonstelling]

[68] Pendule 'De trouwe herder', aangekocht voor het Paleis op de Dam, ca 1808 *Koninklijke Verzamelingen, Den Haag* [buiten tentoonstelling]

[69] Pendule 'De verrassing van de roos', aangekocht voor het Paleis Het Loo, ca 1808 *Paleis Het Loo Nationaal Museum* [buiten tentoonstelling]

Franse kroonluchters in de grote zaal van het Paleis op de Dam zouden er uiteindelijk niet komen: men bleef zich behelpen met aanpassingen aan de armaturen behangen met olielampen, geleverd door blikslager Hendrik Bosch, de firma wed. Dorens en Zoon en meester smid Jan Jonkers.[12] Van de kandelabers zijn vooral in Amsterdam zeer fraaie en grote exemplaren bewaard gebleven. Zij zijn evenals de klokken uit Parijs afkomstig en door Reeder en Ciovino & Gebr. Truffino geleverd. Ze zijn niet gesigneerd en door de over het algemeen summiere beschrijvingen niet aan inventarissen en rekeningen te koppelen.

Koning van Holland en Koning der Nederlanden
Lodewijk Napoleon heeft niet de tijd gekregen al zijn intenties in Holland te verwezenlijken. Men kan alleen maar speculeren hoe de ontwikkelingen op de besproken gebieden in ons land zouden zijn geweest, als de Koning van Holland langer had kunnen regeren.

De eerste koning der Nederlanden kon, dankzij de uitbreiding van het koninkrijk met de Zuidelijke Nederlanden, Lodewijk Napoleons *patriottische intentie* realiseren en wél in eigen land de industrie van luxe goederen stimuleren. Hij bestelde in Doornik en bij F. Faber te Brussel porselein,[13] bij J. Lefebvre, Caters et fils te Doornik en M.P. Brichaut te Brussel verguld brons, voornamelijk kroonluchters en kandelaars. Slechts enkele stukken, zoals een groot tafelplateau, werden bij Thomire in Parijs gekocht. Ook wat klokken betreft, blijken de Zuidelijke Nederlanden productiever dan de Noordelijke. Zowel Brichaut als zijn stadgenoot J.B. Ghiesbregt vervaardigden verguld bronzen pendules met een portret van de koning, respectievelijk een buste en een ruiterstandbeeld. Maar de meeste door Willem I verworven pendules werden, evenals die van Lodewijk Napoleon, bij Nederlandse

leveranciers gekocht en waren van Franse makelij. Men kan zeggen dat Willem I als koning Lodewijk Napoleon in vele opzichten volgde, zeker ook in diens 'patriottische intentie'.

Voor de inrichting van zijn hof had hij Lodewijk Napoleon niet nodig: hiervoor nam hij dat van zijn vader en zijn eigen hof in Duitsland als voorbeeld. Hij omringde zich met leden van families die ook vóór de Franse tijd de Oranjes gediend hadden. In dit opzicht was hij zeker niet patriots geworden. Mogelijk houdt het verwijderen van het goud van het tafelzilver ook verband met het teruggrijpen naar vroeger. Dat het koninklijk hof als een voortzetting van het prinselijke werd beschouwd, kan men afleiden uit het ontbreken van een gedrukte of geschreven *Étiquette*: het hof van de koning van Nederlanden wist hoe het hoorde. Daar waren geen etiquetteboeken voor nodig.

Noten

1   Masson 1977.
2   Brugmans 1913, p. 250.
3   Koninklijk Huisarchief, Den Haag (KHA), Archief van de Hofmaarschalk, inv.nr. E10a-IC-1, Voordrachten, besluiten en correspondentie met Zijne Majesteit de Koning, 1815-1820.
4   Quarles van Ufford 2005.
5   Brugmans 1913, p. 124.
6   Nationaal Archief, Den Haag, Archief Ministerie van financiën, Kroondomein 1806-1810, inv.nr. 33, algemeen register van uitgave en inkomsten gedurende het verblijf van Lodewijk Napoleon in Frankrijk, 26 november 1809 t/m 25 april 1810.
7   Ibidem, inv.nr. 109, ontwerpen en bestekken van werken aan de paleizen, 1806-1808.
8   Ottomeyer 1986, deel I, pp. 352-353; Niehüser 1977, p. 185.
9   Met dank aan drs T. Rosa de Carvalho-Roos.
10 Ottomeyer 1986, deel II, p. 671, afb. 5.
11 Niehüser 1977, p. 151, afb. 243-245.
12 Brugmans 1913, pp. 140-141 en 148; KHA, Archief Lodewijk Napoleon, inv.nr. G4-D9, Inboedel index van het paleis te Amsterdam met opgave van leveranciers en aanschaffingsprijs.
13 Quarles van Ufford 2004.

[70] De kroning van Napoleon (detail), Jacques Louis David, 1805-1807 *Musée du Louvre, Parijs* [buiten tentoonstelling]

[71] Lodewijk Napoleon als connétable van het Franse keizerrijk, L.C. Ruotte, naar een buste van Pierre Cartellier, 1806 *Atlas van Stolk, Rotterdam* [cat.nr. 21]

Trudie Rosa de Carvalho

Gekleed voor de koning: kleding en etiquette aan het hof

Kleding en etiquette aan het Franse hof

Met de komst van koning Lodewijk Napoleon en koningin Hortense in 1806 kwam het hofleven in Holland na bijna twaalf jaar van stilstand weer tot bloei. Niet alleen het leven aan het hof was na de vlucht van de laatste stadhouder Willem v in 1795 uitgedoofd, maar ook waren de kleding en de daarbij behorende etiquette van het oude regime in de ban gedaan. In dit opzicht had de Republiek het voorbeeld van Frankrijk nagevolgd, waar de revolutie een einde had gemaakt aan monarchie en hofleven. Pas met de komst van Napoleon was hierin een kentering opgetreden. Diens grootse ambities en het bijbehorende decorum kwamen mede tot uiting in de ontwerpen voor de ceremoniële kleding van het nieuwe keizerrijk, die in 1804 waren vastgelegd als onderdeel van een extravagante, weloverwogen gecreëerde hofstijl. Directe aanleiding voor deze vastlegging vormde de kroning op 2 december 1804 van Napoleon Bonaparte en zijn vrouw Joséphine tot keizer en keizerin in de Notre-Dame te Parijs. Een belangrijke getuigenis van deze gebeurtenis is het schilderij van Jacques Louis David (1748-1825), waarop alle kostuums met grote precisie zijn uitgebeeld [70]. Deze fraaie kostuums waren vervaardigd door de flamboyante (hof)couturier Louis Hippolyte Leroy en de beroemde borduurwerker M. Picot, naar ontwerpen van Jean Baptiste Isabey (1767-1855). Isabey was in 1804 aangesteld als 'peintre dessinateur du cabinet de S.M. l'Empereur, des cérémonies et des relations extérieurs.'

Alle prinsen van de keizerlijke familie en alle hovelingen droegen tijdens de plechtigheid een kostuum gelijkend op het *petit habillement* of klein kostuum van de keizer [71-73], terwijl het klein kostuum van Joséphine als voorbeeld diende voor de kleding van de prinsessen en de hofdames [74-75]. In de verbreiding van dit modebeeld onder een groter publiek speelde het modetijdschrift

LOUIS NAPOLÉON   ROI DE HOLLANDE.

FRÈRE DE L'EMPEREUR   CONNÉTABLE DE L'EMPIRE FRANÇAIS

[72] De keizer in klein kostuum, door Jean Baptiste Isabey en Charles Percier, naar Jean Baptiste Isabey, ca 1804 Uit: *Livre du Sacre* [buiten tentoonstelling]

[73] Lodewijk Napoleon als prins van het Franse keizerrijk, François Pascal Simon Gérard, 1806 *Musée et Domaine nationaux du Chateau de Fontainebleau* [buiten tentoonstelling]

[74] Hortense, Jean Baptiste
Regnault, ca 1807 *Musée national du Château de Malmaison*
[cat.nr. 22]

[75] Josephine in klein kos-
tuum, Jean Baptiste Isabey en
Charles Percier, naar Jean
Baptiste Isabey, ca 1804
Uit: *Livre du Sacre* [buiten
tentoonstelling]

Gekleed voor de koning: kleding en etiquette aan het hof

83

[76] Pauline Bonaparte, prinses Borghèse, Benoist Marie Guillermine, 1808 *Musée national du Château de Malmaison* [buiten tentoonstelling]

[77] 'Coeffure en Cheveux et Gaze Lamée. Robe et Manteau de Cour'. Uit: *Journal des Dames et des Modes, Costume Parisien,* 1810, prentnr. 1055 *Gemeentemuseum, Den Haag* [buiten tentoonstelling]

[78] 'Description du cinquième tableau représentant les Offrandes', gravure van Simonet naar Jean Baptiste Isabey en Pierre François Léonard Fontaine, [1804]. Uit: *Livre du Sacre* [buiten tentoonstelling]

Costume Parisien.
1810.
(20)
Coeffure en Cheveux et Gaze Lamée. Robe et Manteau de Cour.

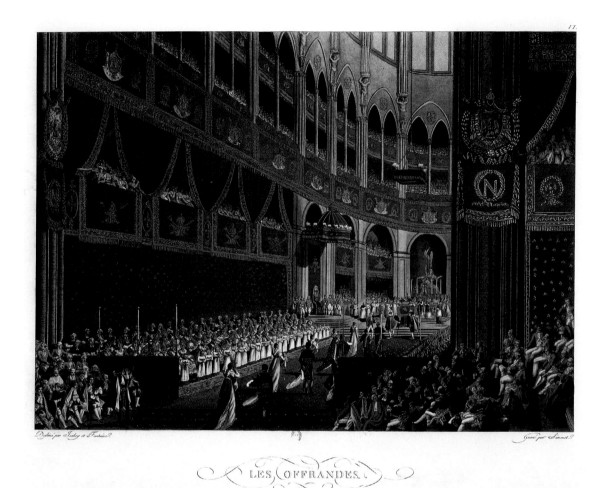

LES OFFRANDES.

Journal des Dames et des Modes een grote rol. De gravures werden naar het leven of naar andere bronnen vervaardigd. Dit was bijvoorbeeld het geval met een schilderij uit 1808 van prinses Pauline Borghese, de zuster van keizer Napoleon [76].[1] Zij is gekleed in een witsatijnen hofjapon, met een baan versierd met opgenaaide, gestrikte kwasten temidden van opvallende diagonale borduursels. Hierbij hoorde een velours hofsleep met geborduurde florale motieven. In de edities van de *Journal* uit 1809 en 1810 werden in navolging meerdere hofkostuums met bijbehorende hofsleep afgebeeld die direct van bovengenoemd schilderij waren afgeleid [77].

Op een prent die Simonet van de kroning in 1804 vervaardigde [78], worden vijf hofdames afgebeeld die de offerandes dragen. Ieder hofdame kreeg 10.000 francs om zich te kleden. Zij schrijden met hun lange slepen door de prachtig versierde kerk. De keizerin gaat hen voor. Op bevel van de keizer wordt haar lange, zware sleep gedragen door de vijf prinsessen uit het keizerlijk huis. Dit was op zeer grote bezwaren bij deze prinsessen gestuit, die zich voor de uitvoering van deze taak te goed voelden. Bij wijze van compensatie voor deze hen aangedane vernedering werd hun sleep gedragen door een kamerheer.

De dames die zich op gewone ontvangsten aan het Franse hof presenteerden, hadden het echter minder gemakkelijk. Zij moesten na binnenkomst onder het lopen drie maal een buiging naar de keizerlijke familie maken en daarna achteruit lopend de zaal verlaten, wat niet meeviel met zo'n lange sleep. Daarom stond Napoleon erop om vooraf persoonlijk met de dames te repeteren, waarbij hij zijn ongeduld niet altijd kon verbergen.[2] Voor de kleuren van de slepen die bij de kroning werden gedragen, bestonden geen voorschriften. De breedte van het daarop aangebrachte borduurwerk daarentegen was nauwkeurig bepaald: de borduursels op de sleep van de keizerin hadden een breedte van 10 duim (ca 25 cm), het boorduurwerk op de slepen van de hofdames mocht niet breder zijn dan 4 duim (ca 10 cm).

Kleding en etiquette aan het Hollandse hof
Voor een goed begrip van de kleding en de etiquette aan het hof van Lodewijk Napoleon is het noodzakelijk de blik te richten op de situatie aan het keizerlijke hof van Frankrijk. Niet alleen omdat de door Napoleon ingevoerde hofkleding toonaangevend was aan bijna alle Europese hoven, maar ook omdat Lodewijk Napoleon en Hortense, broer en geliefde stiefdochter van de keizer, vóór 1806 deel hadden uitgemaakt van de keizerlijke entourage. Dit zou van grote invloed blijken te zijn op de wijze waarop zij in de jaren daarna hun eigen hof vormgaven.

Dat Lodewijk Napoleon welbewust de etiquette van het keizerlijke hof tot uitgangspunt nam, blijkt uit een wel heel bijzonder exemplaar van de *Étiquette du Palais Imperial pour l'année 1806,* dat zich in de bibliotheek van de koning bevond.[3] Met pen zijn alle verwijzingen naar het Franse keizerrijk doorgehaald en vervangen door aanduidingen, die op het koninkrijk Holland van toepassing zijn. Inderdaad zijn deze met de hand aangebrachte veranderingen in de gedrukte *Étiquette du Palais Royal pour l'année 1806* terug te vinden.

Een opmerkelijk onderscheid tussen beide etiquetteboeken vormt ook de beschrijving van de kostuums van de civiele ambtenaren en de aan het hof verbonden functionarissen, die als bijlage aan de *Étiquette Royal* is toegevoegd. Het ceremonieel kostuum (*habits de cérémonies*) bestond uit drie categorieën: het geklede kostuum (*habit habillé*), het klein kostuum (*petit costume*) en het reiskostuum (*habit de voyage*). Het geklede kostuum had dezelfde vorm als vergelijkbare kostuums aan

andere hoven, met een wit geborduurd vest. Het klein kostuum bestond uit een militaire overjas, die op de borst kon worden dichtgeknoopt. Hierbij hoorde een wit jasje of wit gilet. Het reiskostuum was gelijk aan het klein kostuum, maar had een ander borduursel. Voor alle kostuums was een kniebroek in wit, in zwart of in de kleur van het kostuum voorgeschreven. De kostuums waren gemaakt van laken, waarbij, net als in Frankrijk, elk hofdepartement een eigen onderscheidende kleur kende. Zo ging de groot-officier gekleed in donkergroen, de kamerheer in scharlakenrood, de stalmeester in donkerblauw, de prefect en de intendant in donkerpaars, de ondergouverneur van de pages in lichtblauw en de thesaurier in bruin. Het geklede kostuum had geborduurde knopen. Ook gaven de kledingvoorschriften een toelichting op de verschillende borduursels, maar het voert hier te ver om gedetailleerd op de verschillen van bevestiging, afmeting en ontwerp in te gaan. Eén ding valt onmiddellijk op: de borduursels van de kostuums van het keizerlijk hof zijn uitgevoerd in zilver, die van het koninklijke hof in goud! Men moest zo'n kostuum zelf bekostigen en de prijs ervan kon erg hoog zijn.[4] Vandaar dat werd toegestaan om eerst het oude kostuum af te dragen en pas bij de aanschaf van een nieuw kostuum de regels na te volgen. Overigens zijn ook de voorschriften voor de hofrouw in de *Étiquette* terug te vinden.

Na de officiële intocht van het koninklijk gezin in Den Haag kwamen velen hun opwachting aan het hof maken. Er waren feesten, concerten en bals waar hovelingen, diplomaten en andere mensen van aanzien elkaar troffen. Zeker in het begin bestond een groot deel van de hofhouding uit Fransen die zich aanvankelijk uiterst gereserveerd opstelden jegens de Hollandse genodigden. Uit verschillende bronnen blijkt dat zij geshockeerd waren over de kledingmanieren van sommige Hollandse invités. De etiquette voorzag niet in aparte kleding voor bals en concerten, maar als de koning in groot kostuum in de staatsie-appartementen ontving, dienden de gasten eveneens in groot kostuum te verschijnen. De dames droegen dan een gedecolleteerde, zijden empire-galajapon, waarover zij een losse hofsleep of *manteau de cour* droegen. Een waaier en lange handschoenen maakten ook onderdeel uit van het galakostuum. Niet alle dames waren goed genoeg op de hoogte van de heersende kleding-code, wat op de eerste ontvangsten soms tot hilarische taferelen leidde. Zo kwamen de mondaine Fransen oog in oog te staan met dames uit Noord-Holland en Zeeland, die op eigen wijze geprobeerd hadden hun toilet te verfransen, waardoor de ontvangst soms meer het karakter van een maskerade kreeg. Vooral op de nieuwjaarontvangsten van 1808 kwamen vele deputaties eer aan hun koning betonen en waren er verschillende gasten die niet gewend waren om een hofkostuum te dragen. Die achterstand was niet zomaar in te halen, al werd dit wel geprobeerd door lessen te nemen bij Moraitrier, een Franse acteur die zijn *habit à la française* zeer wel wist te dragen.[5] Als leraar-in-mooie-manieren demonstreerde hij in de laatste twee weken van december 1807 hoe men aan het hof moeiteloos een hoed vasthield, hoe men met gemak de degen droeg en hoe men op gracieuze wijze met zijn *jabot* [bef] speelde. Maar er klonken ook andere geluiden: zo schitterde het tijdens de ontvangst, die op 3 mei 1807 plaats vond, door het vele borduurwerk.[6]

Dit zijn bijna allemaal voorbeelden hoe het niet moest. Maar hoe hoorde het wel? Met name voor vrouwen was het moeilijk om op de hoogte te blijven van de laatste ontwikkeling op het gebied van de hofdracht. Feit is dat Hortense [79] voor hen in dit opzicht nooit een voorbeeldfunctie bekleedde. Zij zou er bij uitstek geschikt voor zijn geweest, ware het niet dat zij tussen 1806 en 1810 zeer sporadisch aan de zijde van haar echtgenoot verbleef. Slechts op een gering aantal ontvangsten en bals vormde zij het stralende middelpunt. Haar vrijwel continue afwezigheid veroorzaakte zelfs een bepaalde matheid, die de ontvangsten aan het hof kenmerkte. In Utrecht leidde het er toe dat sommige dames niet bij 'de onbestorven weduwnaar' op bezoek durfden te gaan.

Voor een deel ontleenden Hollandse vrouwen de benodigde informatie en inspiratie op het gebied van kleding aan het voorbeeld van de aan het hof van Lodewijk Napoleon verbonden Franse hovelingen en ambtenaren, die met hun

vrouwen de te dragen hofkleding dicteerden. Ook waren er Hollanders die in Frankrijk verbleven, waardoor zij op de hoogte waren van de nieuwste modetrends. Een goed voorbeeld hiervan is Rutger Jan Schimmelpenninck (1761-1825), ambassadeur van de Bataafse Republiek te Parijs. Zijn echtgenote, Catharina Schimmelpenninck-Nahuys (1770-1844) [80], liet in 1805 door Charles Howard Hodges (1764-1837) haar portret schilderen. Het is de enige bekende beeltenis van een Hollandse vrouw van adel in een galajapon met hofsleep. Haar witsatijnen japon, bestikt met gouden lovertjes, heeft een *cherusque,* een opstaande kanten kraag.[7] Haar witte schoenen zijn met goud gebiesd. De blauwgrijze fluwelen hofsleep met gouden franje werd in de ceintuur bevestigd met een gouden gesp met twee knopen. Het modieuze kapsel is opgemaakt met parels. Mevrouw Schimmelpenninck kocht deze parelparure op 26 februari 1805 bij Truffino en Gebr. Ciovino in de Kalverstraat 18 te Amsterdam. De rekening vermeldt:[8]

1 snoer staale Paarlen	*1.-.-*
1 Gouden Garnituur	
zijnde Coljee, Oorringen en Cam met	
witte Paarlen	*200.-.-*
1 dito Braceletten in 't fijne Paerlen	*300.-.-*

De witte kasjmier sjaal, die de ambassadeursvrouw draagt, vervolmaakt haar nonchalante pose. Naar de eis van de mode diende men de sjaal *à l'antique* te draperen, dan wel in drieën of vieren gevouwen over de linkerarm te hangen. Het belang van dit accessoire is zichtbaar op de portretten, die Hodges van tal van aanzienlijke Hollandse dames schilderde. De meesten zijn geportretteerd met een gedrapeerde kasjmier sjaal. Het was een zeer kostbaar accessoire. Zo betaalde Lodewijk Napoleon tijdens een verblijf in Parijs voor een 'shall cachmire à Medaillon' het niet geringe bedrag van fl. 1056.[9] Keizerin Joséphine bezat honderden sjaals, die ze tevens als bedbekleding of als overtrek voor hondenkussens gebruikte. Het verhaal gaat dat Napoleon vond dat ze haar teveel bedekten en soms een sjaal van haar schouders trok om deze vervolgens in het vuur te werpen.[10] Maar kasjmier sjaals werden

88   ook om een heel praktische reden gedragen: zij
boden bescherming tegen koude en vochtigheid.

In het dagelijkse leven werd de empire-mode
gekenmerkt door een *retour à l'antique*, een teruggrijpen op de klassieke oudheid. Geïnspireerd
door Griekse en Romeinse beelden, die in grote
hoeveelheden in de tweede helft van de achttiende eeuw waren opgegraven, hulden de dames
zich in hoog getailleerde, haast doorzichtige jurken van soepele, meest witte stof, die veelal met
borduursels waren versierd en weinig beschut-
ting boden. Aan kou lijden viel soms niet te ont-
komen: de strenge keizerlijke hofetiquette stond
het de dames, die in december 1804 in de Notre-
Dame de keizerskroning bijwoonden, niet toe
een sjaal te dragen. Ambassadeur Schimmelpenninck, die bij de plechtigheid aanwezig was,
schreef hierover aan zijn echtgenote: 'Het koude
weer heeft de aanschouwing, vooral de dames
geweldig doen lijden en kan niet missen van
ziekte, daar hunne dunne kleding en de statie
niet gedoogde enig deksel van schall [bedekking
met een sjaal] als anderszins te baat te nemen.
Het weer was zo koud, vooral in die immense
cathedrale, dat zelfs de heren het niet konden
uithouden.'[11]

Een soortgelijke galajapon als Catharina
Schimmelpenninck op het portret draagt, bevindt
zich in het Rijksmuseum. Over deze galajapon
[81] en over de eigenaresse, Cornelia Johanna
Steengracht van Oostcapelle-van Nellesteyn
(1782-1842), is weinig bekend. Maar de sleep-
japon van witzijden tule, versierd met goudlamé,
past naadloos in het beeld van de mode aan het
Franse hof. Dit is eveneens het geval met een
monumentale hofsleep in het Centraal Museum
te Utrecht [82], die in vorm en versiering eveneens in de Franse traditie past. Hij onderscheidt
zich echter in het gebruik van lavendelblauwe
moirézijde, waar de meeste hofslepen van fluweel, satijn of tule zijn vervaardigd. Ook het

[81] Empire-galajapon met sleep, gedragen door mevrouw Steengracht van Oostcapelle-van Nellesteyn, ca 1807 *Rijksmuseum, Amsterdam* [cat.nr. 163]

[82] Hofsleep, gedragen door Elisabeth Both Hendriksen-Winter, 1809 *Centraal Museum, Utrecht* [cat.nr. 66]

[83] 'Balcostume van gaas met
zilver doorwerkt, en gegar-
neerd met bloemen. Tulband
van hair en gaas', 1809. Uit:
Elegantia, februari 1809, prent
nr. 70 *Gemeentemuseum, Den
Haag* [buiten tentoonstelling]

borduurwerk, dat meestal in gouddraad was uitgevoerd, wijkt af: het bestaat uit ivoorkleurige
chenille en parelkleurige kralen. Mogelijk droeg
de jonge Elisabeth Charlotte Both Hendriksen-
Winter (1786-1809) deze sleep tijdens het tweede
feest van de Orde van de Unie, dat op 25 april
1808 op het Paleis op de Dam plaats vond. Bij die
gelegenheid ontving haar echtgenoot, mr. Willem
Jan Both Hendriksen (1744-1817), raadsheer aan
het hof te Utrecht, het ridderkruis uit handen
van Lodewijk Napoleon zelf.[12] In dat geval zal zij
de sleep niet speciaal voor deze gelegenheid hebben laten maken: de benoeming vond immers op
23 april plaats, twee dagen voor het grote ordefeest. Het is natuurlijk ook heel wel mogelijk dat
de sleep, die nu nog op 1809 wordt gedateerd,
naderhand bij andere gelegenheden is gedragen.[13]

Er is nog één belangrijke bron, die in de behoefte aan informatie voorzag: het Hollandse
modeblad *Elegantia*.[14] Dit door Evert Maaskamp
uitgegeven tijdschrift baseerde zich op het toon-
aangevende Franse modeblad de *Journal des Dames
et des Modes,* dat tussen 1797 en 1839 door Pierre
Antoine Ledoux de la Mésangère werd uitgegeven. Als uitgever had La Mésangère grote invloed
op vorm en inhoud van het blad.[15] Vele ontwerpen van (hof)couturier Leroy werden in de *Journal* afgebeeld. Verschillende daarvan waren naar
het leven getekend. Waarschijnlijk kwam *Elegantia* twee à drie weken later uit dan de Franse *Journal.* Maaskamp gaf aan zich te willen richten op
het 'beschaafdste deel van de vrouwen.' Hij selec-
teerde die afbeeldingen waarvan hij dacht dat ze
het beste in Holland zouden aanslaan. Ten slotte
was het éne land het andere niet. Ook bracht hij
kleine veranderingen aan in de tekst of in de bij-
schriften bij de prenten. De meeste aandacht ging
uit naar de opmaak van hoeden en kapsels: daarmee konden de dames zich snel en op eenvoudige wijze van elkaar onderscheiden. Hoewel
Elegantia al vanaf 1807 verscheen, stonden er pas

Turban en Cheveux et Gaze. Robe de Bal en Gaze.

[84] 'Gaze d'Or Tressée avec les
cheveux; Queue De Cour',
1808. Uit: *Elegantia*, januari
1808, prent nr. 34 *Gemeentemuseum, Den Haag* [buiten
tentoonstelling]

[85] 'Grande parure; toque van
wit satijn; braceletten van
diamanten, roodfluweelen
mantel met goud geborduurd;
Coëffure en diamans', 1809.
Uit: *Elegantia*, januari 1809,
prent nr. 67 *Gemeentemuseum,
Den Haag* [buiten tentoonstel-
ling]

Gaze d'Or Tressée avec les Cheveux, Queue de Cour.

Robe de Cour en Satin; Le Manteau en Velours.

vanaf 1808 baljurken in afgebeeld. Waarschijnlijk had dit te maken met de komst van de koning naar Amsterdam. Zo staan in *Elegantia* verschillende baljurken van wit gaas met diagonale strepen en veelal rozenrode bloemversieringen [83]. Maar ook een baljurk helemaal in het wit of met bontranden. In 1808 zijn onder meer baljaponnen met gouden pailletten in de mode, ook wel bekend als 'jurken als gouden regen'.[16] In *Elegantia* van 1808 en 1809 zijn twee hofslepen opgenomen. De eerste wordt omschreven als een 'kostbaar hofcostume van mouseline met gouden borduursels en blauwe satijnen losse sleep met goudborduursel; in coeffure goudgaas door de haren gevlochten' [84]. De tweede is een wit satijnen hofjapon met goudborduursel en een rode fluwelen hofsleep [85], waarin de Franse invloed duidelijk zichtbaar is.[17] In de Duitse editie, die van de *Journal des Dames et des Modes* verscheen, is dezelfde sleep afgebeeld. Hier is deze echter blauw ingekleurd.

In alle jaargangen van *Elegantia* volstaat de uitgever met een bijschrift bij de afbeeldingen. Eén keer echter wordt in de tekst zelf nader op een hofsleep ingegaan. In *Elegantia* van april 1810 stond het volgende: 'Niets is veranderd in het fatsoen der hofmantels !!! van achteren eindigt een kleine *chou* [rozet] boven de ceintuur, en van voren worden zij met een haak of gesp vastgemaakt. Het grootst gedeelte van deze mantels is van tulle met *paillons* [waarschijnlijk pailletten] geborduurd en de robes zijn van hemelsblauw of Amerikaansch groen satijn. Men begint weer robes met sleepen te dragen, uitgezonderd op galadagen kunnen zij de mantels uitwinnen!'[18]

Voor de meeste lezeressen waren dergelijke beschrijvingen duidelijk. Voor de huidige lezer is veel kennis reeds verloren gegaan. Toch heeft *Elegantia* zijn informatieve functie nooit verloren: de moderne kostuumhistoricus plukt er tegenwoordig nog steeds de vruchten van.

Noten

93

1   Het schilderij is van de hand van Benoist Marie Guillermine (1768-1826). Zie tevens *Journal des Dames et des Modes, Costume Parisienne* (1809), prent nr. 958.
2   Hibbert 2002, p. 143.
3   Dit exemplaar bevindt zich in de bibliotheek van het Koninklijk Huisarchief te Den Haag. Met dank aan H. Robaard, bibliothecaris.
4   In Parijs kostte een *grand habit* of grootkostuum voor een nieuwjaarsreceptie aan het hof 1300 francs. Omgerekend naar de waarde in 2005: €3818. Met dank aan Jan Luiten, Internationaal Instituut voor Sociale Geschiedenis, Amsterdam.
5   Garnier, pp. 17 en 95. De *habit à la française* was een achttiende-eeuws kostuum, dat door Napoleon opnieuw in ere was hersteld. Het was gemaakt van velours of zijde, volop geborduurd met meerkleurige florale motieven. Het bestond uit rokjas, vest, kniebroek, zijden kousen en 'pumps'.
6   Stanislas de Girardin 1820, deel 3, p. 403.
7   Voor de ontwerpen van de kostuums voor de kroning werd teruggegrepen op belangrijke momenten uit de Franse geschiedenis en de Romeinse oudheid. Zo is de kraag bijvoorbeeld afgeleid van de *collerette à la Medici*, die door Maria de Médicis (1573-1643) werd geïntroduceerd.
8   Mededeling van mw. drs E.C. Schimmelpenninck-Hartman.
9   Nationaal Archief Den Haag, 2.01.25, Ministerie van financiën, Kroondomein 1806-1810, inv.nr. 89, register van uitgaven op de reis naar Mainz en Aken, juli-september 1806, rekening nr. 19. Omgerekend naar de waarde in 2005: €550. Met dank aan Jan Luiten, Internationaal Instituut voor Sociale Geschiedenis, Amsterdam.
10   Rémusat 1880, p. 345.
11   Mededeling van mw. drs E.C. Schimmelpenninck-Hartman.
12   Adriaans en Kuus 1996, p. 209 vermelden per abuis 1809. Zie *Gedenkschriften* 1810, p. 117 en Schutte 1985, p. 172.
13   Zie voor meer informatie over deze hofsleep: Adriaans en Kuus 1996, pp. 68 en 209. Met dank aan Hanneke Adriaans.
14   Maaskamp januari 1807-juni 1810. *Elegantia* was alleen op intekening verkrijgbaar à ƒ 9 per jaar (in 2005: 58).
15   Ghering van Ierlant 1988. Met dank aan Madelief Hohé.
16   In het Centraal Museum te Utrecht bevindt zich een galajapon met sleep van crème zijden crêpe op ripszijde, geborduurd met gouddraad en goudkleurige pailletten, ca 1807-1810, inv.nr. 4477.
17   Zie *Elegantia*, januari 1808, prent nr. 34 en januari 1809, prent nr. 67. Met dank aan Ingrid Grunnil.
18   Maaskamp 1810, p. 133.

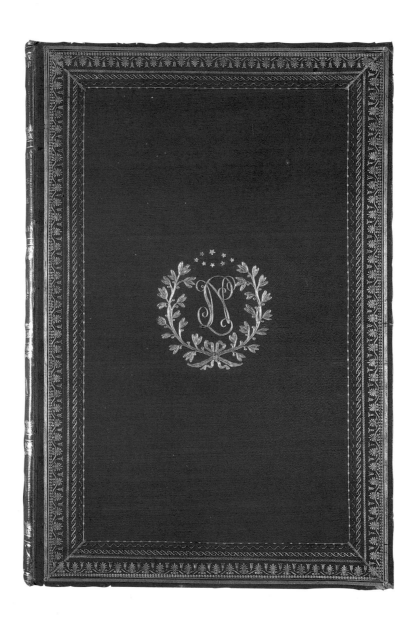

Helen Schretlen

Muziek en muzikanten aan het hof van Lodewijk Napoleon

Na een vermoeiende reis die drie dagen in beslag had genomen, bereikten koning Lodewijk Napoleon en koningin Hortense met hun twee peuters op 18 juni 1806 Den Haag. Het koninklijke gezin arriveerde om 11 uur 's avonds bij het Huis ten Bosch, zodat het tijdens het laatste deel van de reis door de invallende duisternis weinig van de omgeving van de residentie heeft kunnen zien. Bij het paleis werd het gezelschap verwelkomd door vier vertegenwoordigers van de Staten-Generaal, waarna de kapel der grenadiers een muziekstuk ten gehore bracht. Terwijl de koninklijke familie nog maar nauwelijks voet op Nederlandse bodem had gezet, zullen de klanken van het militaire muziekkorps enige verlichting gebracht hebben bij de kennismaking met het nieuwe vaderland. Vooral Hortense had er erg tegenop gezien zich in Holland te moeten vestigen. Het Franse paar droeg muziek een warm hart toe, maar dat realiseerde zich toen niemand in Den Haag. Een dergelijk begroetingsceremonieel voor hoogwaardigheidsbekleders was immers niets bijzonders, het maakte deel uit van de hofcultuur.

In tegenstelling tot de situatie in Nederland, kende het Franse hof een lange traditie op het gebied van muziek. Halverwege de achttiende eeuw, toen in Nederland het stadhouderlijk hof in ere werd hersteld, nam de belangstelling voor de muziek echter ook in die kringen toe. Zoals in Italië en Frankrijk al langer gebruikelijk, maakten vanaf die tijd muzikanten deel uit van de hofhouding van de stadhouders. In kleine kring brachten zij kamermuziek ten gehore en bij belangrijke en feestelijke gebeurtenissen traden zij op in grotere bezetting. Bekende musici en componisten, zoals Mozart en Beethoven, vereerden de stadhouders en hun familie met een bezoek. Zo gaf de jonge Mozart enkele concerten in Den Haag en Amsterdam. Verder componeerde hij voor het hof onder meer enkele variaties op het

Wilhelmus ter ere van de inhuldiging in 1766 van prins Willem V tot erfstadhouder. Met diens vlucht uit Nederland, een kleine dertig jaar later, kwam het culturele leven van het stadhouderlijke hof echter tot stilstand. Pas met de komst van de familie Bonaparte naar Den Haag brak ook op het gebied van de cultuur een nieuw tijdperk aan. Enkele maanden na zijn aantreden ging Lodewijk Napoleon over tot de benoeming van muzikanten en toneelspelers aan het hof, en daaruit spraken zijn Franse achtergrond en zijn belangstelling voor muziek en theater [86].

Terwijl de koning voor de inrichting van zijn paleizen bij voorkeur Hollandse handwerkslieden van opdrachten voorzag om zo de nijverheid en industrie in Holland te bevorderen, engageerde hij voor zijn paleisorkest vooral musici uit Parijs. Tot 'directeur de la musique', hofkapelmeester, benoemde hij de Franse componist en cellist Charles Henri Plantade (1764-1839) [87], een talentvol musicus, die destijds als muziekdocent zijn bijdrage had geleverd aan de muzikale opvoeding van Hortense. Plantade had snel carrière gemaakt in Parijs. Nadat hij daar zangleraar was geweest aan het conservatorium, werd hij in 1797 aangesteld als muziekdocent aan de eliteschool van madame Campan in Saint-Germain-en-Laye, even buiten Parijs. Daar ontmoette hij de toen veertienjarige Hortense de Beauharnais. Madame Campan was hofdame van de Franse koningin Marie Antoinette geweest. Ook was zij een vriendin van Hortenses moeder Joséphine de Beauharnais, wat haar tot de juiste persoon maakte aan wie de opvoeding van Hortense kon worden toevertrouwd. Doordat zij beroemde kunstenaars en musici aan haar onderwijsinstituut wist te binden, kon Hortense haar muzikale en kunstzinnige talenten optimaal ontwikkelen. Behalve de zang- en compositielessen van Plantade, kreeg ze lessen in harp- en pianospel en leerde ze tekenen van Jean Baptiste Isabey (1767-1855), een

96

schilder die de bescherming genoot van haar
moeder en stiefvader Napoleon Bonaparte. Na
haar schooljaren, toen ze bij haar moeder in de
Parijse Tuilerieën ging wonen en aan het Parijse
hof verbleef, werd de interesse van Hortense
voor kunst verder gestimuleerd.

Wat het muziekleven aan het hof van Lodewijk
Napoleon betreft, zijn we het beste geïnformeerd
over de periode dat hij in het Paleis op de Dam
resideerde. Wat de Haagse tijd aangaat is slechts
bekend dat Hortense op het Huis ten Bosch over
een 'salle de musique' beschikte.[1] Hortense heeft
daar maar weinig echt gewoond, want Nederland
was geen land voor haar. Ze was voortdurend op
reis, woonde in Parijs of bij haar moeder, keizerin Joséphine, op Malmaison. Haar huwelijk in
1802 met Lodewijk Napoleon, gearrangeerd
door zijn broer keizer Napoleon en haar moeder,
was bijzonder slecht. Na het plotseling overlijden
in mei 1807 van hun oudste zoon, de vijfjarige
Napoleon Karel, op het Binnenhof, was Hortense in rouw het land ontvlucht. Op Lodewijk
Napoleons herhaalde smeekbeden om met hun
enig kind naar Holland terug te keren, werd vanuit Parijs koud en afwijzend gereageerd. Ook de
koning besloot na een aantal maanden Den Haag
te verlaten en verhuisde – na een tijdelijk verblijf
in een geïmproviseerd paleis in Utrecht – in april
1808 naar Amsterdam. Het zeventiende-eeuwse
monumentale stadhuis van Jacob van Campen
werd voor hem grondig verbouwd en in de empire-stijl ingericht. Pas in het laatste regeringsjaar
zou Hortense zich daar voor enkele weken bij
haar echtgenoot voegen.

'La Musique de la Chapelle et de la Chambre'
Een van de vertrekken van het stadhuis die bij
de verbouwing een nieuwe bestemming kregen,
was de voormalige vierschaar waar vóór die tijd
de doodvonnissen werden uitgesproken. Deze
ruimte, die zich op de begane grond aan de voor-

C. H. PLANTADE.

Membre de la Réunion des Arts & de l'Amitié

zijde van het paleis bevindt, werd op last van de
koning ingericht als hofkapel [88]. In ieder paleis
dat Lodewijk Napoleon heeft bewoond, beschikte hij over een eigen kapel voor de katholieke
eredienst. De beelden en reliëfs langs de wanden,
die naar de vroegere macabere functie van het
vertrek verwezen, werden door draperieën aan
het oog onttrokken. De kapel was bij uitstek een
plaats voor professionele muziekbeoefening.
Zo tekende Pieter Gerardus Witsen Geysbeek
(1774-1833), een tijdgenoot, aan: 'Op hooge
feestdagen of andere plegtige gelegenheden gaat
de Godsdienst-oefening met een uitgelezen Muziek vergezeld, zijnde het Orchest als dan boven
de Loge van den Koning geplaatst.'[2] Dit 'orchest'
van de koning, aangeduid als de 'musique de la
Chapelle', bestond uit een achttal zangers en zo'n
vijftien musici: strijkers, blazers en een slagwer-
ker. Met enkele aalmoezeniers en kapelaans, een
predikant en een koster maakten zij deel uit van
de kapelhofhouding.[3]

Voor de paleisconcerten beschikte de koning
over een kamermuziekensemble, het 'musique
de la Chambre'. Dit gezelschap speelde behalve
klassieke en vroeg-romantische muziek, ook
composities van Plantade en dans- en tafelmu-
ziek. Op het vaste repertoire stonden verder frag-
menten uit opera's, favoriete muziek van zowel
Lodewijk als Hortense, die in Parijs regelmatig
de Opéra bezochten. Het ensemble bestond uit
een 'cantatrice', twee zangers en een strijkkwar-
tet.[4] Ze traden onder meer op bij bijzondere gelegenheden in de voormalige vroedschapskamer.
Dit vertrek had tijdens de regeerperiode van Lodewijk Napoleon een dubbelfunctie: het werd
afwisselend als vergaderzaal voor de staatsraad en
als concertzaal gebruikt. Regelmatig speelden
Plantade en zijn ensemble lichte dansmuziek
tijdens de hofbals, die in de feestelijke 'Grande
Salle', de oude Burgerzaal, gegeven werden.[5]

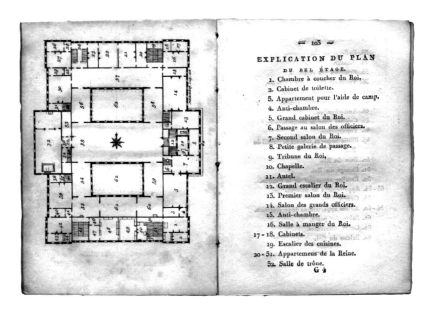

EXPLICATION DU PLAN
DU BEL ÉTAGE.

1. Chambre à coucher du Roi.
2. Cabinet de toilette.
3. Appartement pour l'aide de camp.
4. Anti-chambre.
5. Grand cabinet du Roi.
6. Passage au salon des officiers.
7. Second salon du Roi.
8. Petite galerie de passage.
9. Tribune du Roi.
10. Chapelle.
11. Autel.
12. Grand escalier du Roi.
13. Premier salon du Roi.
14. Salon des grands officiers.
15. Anti-chambre.
16. Salle à manger du Roi.
17-18. Cabinets.
19. Escalier des cuisines.
20-31. Appartemens de la Reine.
32. Salle de trône.
G 4

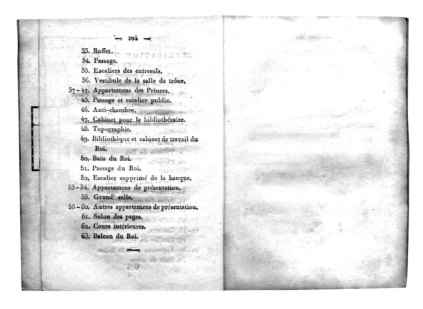

33. Buffet.
34. Passage.
35. Escaliers des entresols.
36. Vestibule de la salle de trône.
37-41. Appartemens des Princes.
45. Passage et escalier public.
46. Anti-chambre.
47. Cabinet pour le bibliothécaire.
48. Topographie.
49. Bibliothèque et cabinet de travail du Roi.
50. Bain du Roi.
51. Passage du Roi.
52. Escalier supprimé de la banque.
53-54. Appartemens de présentation.
55. Grand' salle.
56-60. Autres appartemens de présentation.
61. Salon des pages.
62. Cours intérieures.
63. Balcon du Roi.

[89] Dwarsfluit van kristal,
Claude Laurent, 1807 *Rijksmuseum, Amsterdam* [cat.nr. 203]

98   Van de leden van de 'musique de la Chapelle et
de la Chambre' werd ook verwacht dat zij in de
andere paleizen van de koning acte de présence
gaven. Wanneer de koning op Paleis Het Loo
vertoefde, hetgeen zeer regelmatig gebeurde,
reisde het muziekgezelschap met hem mee. Bekend is dat Plantade dan onder meer de onkosten
voor overnachting in het nabijgelegen Vaassen
en het vervoer van de instrumenten vergoed
kreeg.[6] In het totaal had de koning zo'n dertig
musici in dienst. Zij vielen onder de 'service du
Grand Chambellan', de dienst van de Groot
Kamerheer.[7]

Onder de musici bevond zich een beroemd
musicus, de fluitist Louis Drouet (1792-1873),
die in zijn tijd grote furore maakte.[8] Het jonge
talent was in Amsterdam geboren, waar zijn vader zich in 1786 als pruikenmaker had gevestigd.
Drouet was niet alleen fluitist, maar heeft ook
naam gemaakt met honderden composities voor
zijn geliefde instrument. Mogelijk was Drouet al
in 1806 als eerste fluitist bij Lodewijk Napoleon
in dienst gekomen. In ieder geval liet de koning
in 1807 voor hem als blijk van waardering in
Parijs een kristallen dwarsfluit met zilveren klep-
pen vervaardigen met de inscriptie: 'Donnée par
S.M. le Roi de Hollande, en son Palais à Utrecht,
à M.S. Drouet première flute de la Musique de sa
Majesté' [89]. Of Charles Henri Plantade de fluitist bij het Hollandse hof geïntroduceerd heeft, is
onduidelijk. Als muzikaal secretaris van Hortense
was Drouet een van de belangrijkste musici in
dienst van de koning.

De fortepiano's in het paleis in Amsterdam
Op het Paleis op de Dam bevonden zich een paar
opvallende muziekinstrumenten. Al eerder is op-
gemerkt dat Hortense zowel harp als klavecimbel
speelde, maar de aanwezigheid van enkele fortepiano's in het paleis duidt erop dat er ook voor
dit instrument bij het koninklijk paar belangstel-

ling bestond. Halverwege de achttiende eeuw
was dit type klavierinstrument op de markt verschenen, waarna het spoedig aan populariteit had
gewonnen. Hoewel de fortepiano in Duitsland
en Italië is ontwikkeld, bestond in Engeland de
meeste interesse. De bekende pianobouwer John
Broadwood (1732-1812) maakte in Londen furore met zijn tafelpiano. Met de 'uitvinding' van de
fortepiano lukte het de snaren op sterke wijze
'forte', dan wel op zachte wijze 'piano' tot klin-
ken te brengen.[9] Met het tokkelmechaniek van
de klavecimbel was dat niet mogelijk.

De mooiste en meest kostbare fortepiano in
het paleis was een 'Erard' [90]. Deze vleugel van
Hortense was door de koning besteld bij de firma
van de gebroeders Erard, een van de beroemdste
Parijse pianobouwers, en werd in de zomer van

[90] Vleugel van Hortense,
Erard Frères, 1808 *Gemeente-*
museum, Den Haag, bruikleen
Koninklijke Verzamelingen
[buiten tentoonstelling]

Muziek en muzikanten aan het hof van Lodewijk Napoleon

99

1808 geleverd. De nieuwe fortepiano kreeg een plaats in de concertzaal.[10] De rijk gedecoreerde empire-vleugel met verguldbronzen ornamenten op de klankkast en op de liervormige pedaalstandaard, vormde het pronkstuk van de koninklijke inventaris. Het meubelstuk stond dan ook geenszins in de weg, wanneer de staatsraad vergaderde. Toen de koning in 1810 het land verliet, bleef de vleugel in het paleis achter. Het Franse instrument wordt bewaard in het Haags Gemeentemuseum en is daar nog steeds te bewonderen.

Was het vooral Hortense die uitblonk in het pianospel, ook de koning nam in zijn Amsterdamse paleis wel eens achter het instrument plaats. Illustratief in dit verband is een passage uit de *Mémoires* van Hortense, waarin ze een beschrijving geeft van een stroef verlopen avond-

maal met de koning in het voorjaar van 1810: 'A table, il ne se proférait pas une parole. Après le dîner, le Roi promenait ses doigts sur un piano, qui se trouvait ouvert. Il prenait son fils [de vijfjarige Napoleon Lodewijk] sur ses genoux, l'embrassait, le menait sur le balcon, qui donnait sur la place. Le peuple, en les voyant, poussait quelques acclamations.' Vervolgens nam hij opnieuw achter de piano plaats en, zo herinnerde zich de koningin, 'récitait quelques vers français ou fredonnait un air.'[11] Zal de koning op die bewuste avond de Erard-vleugel hebben bespeeld? De concertzaal bevond zich in ieder geval aan de voorzijde van het paleis en keek uit op de Dam. Het vertrek bevond zich vlakbij het balkon, waar de koning zich de toejuichingen door het volk liet welgevallen.

[91] Tafelpiano van Lodewijk Napoleon, Meincke en Pieter Meijer, ca 1809 *Koninklijke Verzamelingen, Amsterdam* [cat.nr. 202]

In een van de privé-vertrekken van de koning, de 'salon du roi', stond een fortepiano van Hollandse makelij [91]. Het rechthoekige instrument, een tafelpiano, was geleverd door de gebroeders Meincke en Pieter Meyer, bekende pianobouwers in die tijd in Amsterdam. Het kasboek van de thesaurier-generaal in dienst van de koning vermeldt in maart 1809 de uitbetaling aan de gebroeders Meyer voor de levering van drie fortepiano's, twee voor het Amsterdamse paleis en een voor het 'chateau de Zoestdijk.'[12] Meincke Meyer, die het vak in Londen had geleerd, had zich in 1779 samen met zijn broer als zelfstandig fortepianobouwer gevestigd 'op de Kolk, op den hoek van de Voorburgwal, bij de Brug, te Amsterdam.'[13] De tafelpiano's van de Meyers, naar Engels voorbeeld gebouwd, waren soberder uitgevoerd dan de fraaie empire-vleugels van de gebroeders Erard en vonden gretig aftrek. Na de voltooiing van hun formidabele koninklijke opdracht mochten Meincke en Pieter Meyer zich voortaan 'Pianoforte Fabrikeurs van Hunne Majesteiten' noemen, een bewijs dat zij een vooraanstaande plaats in de fortepianobouw innamen. Hun bedrijf groeide uit tot een pianofabriek met internationale allure, dat zich tot in de jaren dertig van de negentiende eeuw kon handhaven.

Onlangs dook op een Zwitserse veiling een opmerkelijke empire-piano op, een zogenaamde giraffepiano [92]. Dit type klavier met een hoge, rechtopstaande klankkast werd vooral in Berlijn en Wenen gebouwd.[14] Het instrument zou een geschenk van de stad Amsterdam aan de koningin zijn geweest als blijk van genegenheid. De plaat op de giraffepiano bevat de naam van C. Baldenecker, een Amsterdams 'Magasin de Musique', dat in het begin van de negentiende eeuw in de hoofdstad zeer succesvol was en het instrument vermoedelijk heeft geïmporteerd.[15]

102

Hortense en de muziek

Doordat Hortense gedurende de regeringsperiode
van haar echtgenoot zo weinig in Holland is geweest, heeft zij nauwelijks enige invloed kunnen
uitoefenen op het muziekleven aan het hof [93].
Ze zou ertoe in staat zijn geweest, want zij was
uitzonderlijk muzikaal. Niet alleen bespeelde zij
meerdere instrumenten, maar ook componeerde
ze meer dan honderd romances: korte, verhalen-
de, meest tamelijk sentimentele liederen, die
doorgaans de liefde of heroïsche daden tot onderwerp hadden. Inspiratiebron daarvoor vormden de Middeleeuwen, waar rondtrekkende
troubadours zongen over eenzame jonkvrouwen
en ten strijde trekkende ridders.

Of Hortense de uitwerking van haar composities aan meer professionele musici overliet,
zoals vaak wordt beweerd, is niet duidelijk. Hoe
dan ook, haar grote passie lag bij het componeren
en het ten gehore brengen van romances, waarbij
zij zichzelf op de piano begeleidde. Haar interesse voor het populaire genre was gewekt door
haar leermeester Plantade. Tot de vele romances
die op zijn naam staan, behoren de *Six Nouvelles
Romances*, die door hem aan Hortense zijn op-
gedragen [94].[16]

Uit haar *Mémoires* blijkt dat Hortense vooral
in verdrietige tijden en wanhopige uren troost en
afleiding vond bij het zingen en componeren van
romances. 'Je me renfermai dans mes devoirs de
mère et dans mes occupations habituelles de des-
siner, [et] de faire des romances', herinnerde zij
zich van haar eerste verblijf in Holland in 1806,
toen zij zich op het Huis ten Bosch zo opgesloten
voelde.[17] Behalve musiceren, bleef tekenen een
geliefde bezigheid voor de koningin. De lessen
van Isabey hadden zijn vruchten afgeworpen. En
ook op dit vlak had Hortense talent [95]. Net als
voor haar romances vormden de Middeleeuwen
herhaaldelijk de inspiratiebron voor de onderwerpen die zij schilderde [96]. Na de geboorte

[94] *Six nouvelles romances avec accompagnement de piano, dédiés à son altesse impériale Madame La Princesse Louis*, Charles Henri Plantade, ca 1805 *Koninklijk Huisarchief, Den Haag* [buiten tentoonstelling]

[95] 'Vue prise de Saint-Leu', Hortense, begin 19de eeuw *Musée national du château de Malmaison* [cat.nr. 191]

[96] Interieur in gotische stijl,
Hortense, 1807 *Musée national
du château de Malmaison*
[cat.nr. 192]

van haar derde zoon Karel Lodewijk Napoleon in
april 1808 in Parijs zocht ze opnieuw afleiding bij
de muziek: 'Condamnée à demeurer encore sur
une chaise longue, j'avais pour toute distraction
de chanter quelques romances que j'accompag-
nais de la guitare.'[18] Jaren later ging Hortense ertoe over haar romances in albums te bundelen,
met de bedoeling ze bij bijzondere gelegenheden
cadeau te geven [97-98]. In haar eerste album
Romances mises en musique par S.M.L.R.H., was
elk lied van een illustratie voorzien. Het ging om
in prent gebrachte tekeningen van de componis-
te zelf. Van deze eerste uitgave zijn nog een paar
exemplaren bewaard gebleven. Ze zijn afkomstig
van enkele dierbaren van 'la reine Hortense', die

het album op nieuwjaarsdag 1814 van haar cadeau hadden gekregen.[19]

Noten

*Voor deze catalogusbijdrage ben ik dank verschuldigd aan Hans
Meijer en Fieke Julius.*

1   Loonstra 1985, p. 105.
2   Geciteerd in Huisken 1996, pp. 100 en 102.
3   Barjesteh 1995, pp. 512-514.
4   Koninklijk Huisarchief Den Haag (KHA), Archief Lodewijk
    Napoleon, inv.nr. G4-C58, service du Grand Chambellan,
    musique de la Chapelle et de la Chambre, 1808-1810.
5   KHA, Archief Lodewijk Napoleon, inv.nr. C14, Kasboek
    van de thesaurier-generaal, 1808-1809, uitbetaling aan
    Plantade voor 'musique du Bal à la Cour', o.a. 13 augustus
    1808.

[97] Album met romances, op
muziek gezet door Hortense,
1813 *Musée national du château de
Malmaison* [buiten tentoonstel-
ling]

[98] Album met romances, op
muziek gezet door Hortense, na
1810 *Musée national du château de
Malmaison* [buiten tentoonstel-
ling]

Muziek en muzikanten aan het hof van Lodewijk Napoleon

105

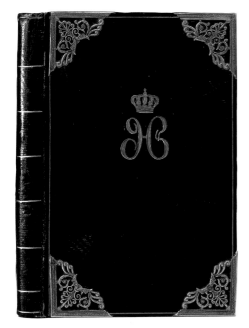

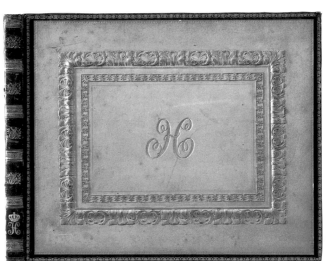

6   Ibidem, o.a. uitbetalingen juli 1808.

7   Barjesteh 1995, pp. 511 en 516.

8   Zie voor het leven, de composities en de optredens van
    Drouet, Overmeire 1989.

9   Rijken, *Antiek* 27, p. 291.

10 Sprenkels-ten Horn 1986.

11 *Mémoires*, deel 11, p. 74. De vertaling luidt: 'Aan tafel werd
    er geen woord gesproken. Na het diner liet de koning zijn
    vingers over de openstaande piano wandelen. Hij nam zijn
    zoon op schoot, omhelsde hem en nam hem mee naar het
    balkon, dat over het plein uitkeek. Toen het volk hen zag,
    begon het te juichen.' Vervolgens: 'zong enkele Franse
    versjes of neuriede een wijsje.'

12 KHA, Archief Lodewijk Napoleon, inv.nr. C 14, Kasboek
    van de thesaurier-generaal, 1808-1809, uitbetaling op 27
    maart 1809.

13 Rijken, *Antiek* 27.

14 Galerie Koller Zürich, veiling 20-22 maart 2006, lotnr.
    1352.

15 Ibidem. Op een etiket onder het toetsenbord staat vermeld:
    'Empire upright grand piano, made for Hortense Bonaparte
    when Queen of Holland, C. Baldenecker maker,
    Amsterdam, given by the city of Amsterdam.'

16 KHA, Archief Lodewijk Napoleon, inv.nr. K35-0321, col-
    lectie bladmuziek.

17 *Mémoires*, deel I, p. 252. De vertaling luidt: 'Ik wijdde me
    aan mijn moederlijke plichten en mijn gebruikelijke bezig-
    heden: tekenen en het componeren van romances.'

18 Ibidem, deel 11, p. 5. De vertaling luidt: 'Veroordeeld tot
    mijn chaise longue, zong ik als verstrooiing enkele roman-
    ces, waarbij ik mezelf begeleidde op de gitaar.'

19 Pougetoux 1993.

[99] *'Tableau des ornements [...]',*
1808 Paleis Het Loo Nationaal
Museum [cat.nr. 123]

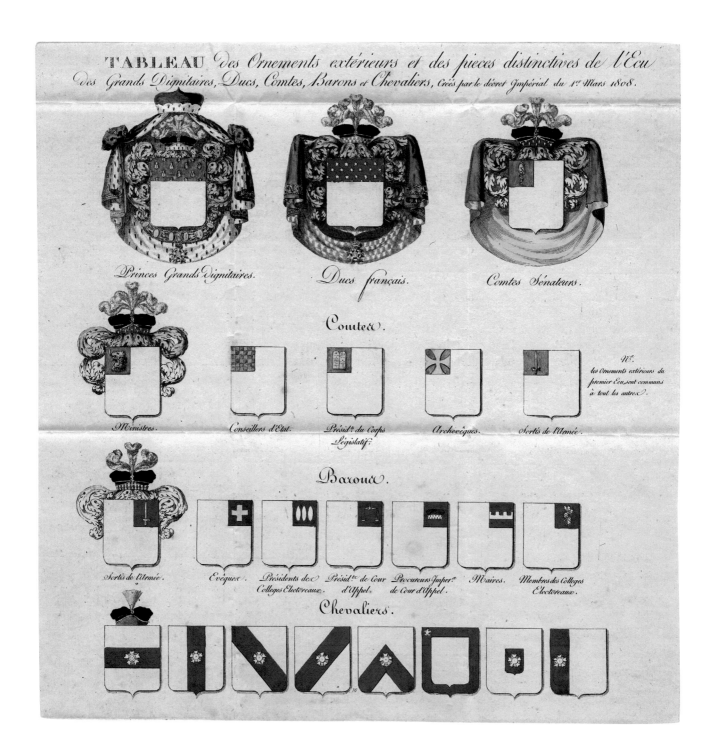

Catalogus van tentoongestelde werken

De nummers tussen teksthaken verwijzen naar de illustraties in het boek

KONING LODEWIJK NAPOLEON EN ZIJN GEZIN

1. *Gezicht op Saint-Leu vanuit het park* [7]
Claude Thiénon (1772-1846)
Gouache op papier, 52 × 90 cm,
vóór 1808
Paleis Het Loo Nationaal Museum, PA 93

2. *Borstbeeld van koningin Hortense*
François Joseph Bosio (1768-1845)
Brons, 67 × 42 cm, 1804-1814
Musée national du château de
Malmaison, NM 58-7-1

3. *Miniatuurportret van Hortense* [93]
Jean Antoine Laurent sr (1763-1832)
Gouache op ivoor, 6,8 × 5,5 cm, ca 1810
Koninklijke Verzamelingen, Den Haag,
M 169

4. *Miniatuurportret van koning Lodewijk Napoleon met zijn naamcijfer op de achterzijde*
Alexandre Delatour (1780-1858)
Gouache op ivoor, 6 × 4,8 cm, ca 1810
Koninklijke Verzamelingen, Den Haag,
M 168

5. *Tabaksdoos met miniatuurportret van Lodewijk Napoleon*
Daniel Saint (1778-1847) en Pierre André
Montauban (werkzaam 1800-1820)
Ivoor, goud, email, 1,9 × 9,5 × 6,5 cm,
1806-1810
Fondation Napoléon, Parijs, 1098

6. *Borstbeeld van Napoleon Karel, prins van Holland* [13]
Waarschijnlijk Frankrijk
Gips, 54 × 28 × 19 cm, 1807
Stichting Historische Verzamelingen van
het Huis Oranje-Nassau, Den Haag, B 110

7. *Miniatuurportret van Karel Lodewijk Napoleon, de latere keizer Napoleon III*
Jean Baptiste Isabey (1767-1855)
Gouache op papier, 24 × 17 cm, 1810
Paleis Het Loo Nationaal Museum,
bruikleen Stichting tot Instandhouding
van het Museum van de Kanselarij der
Nederlandse Orden, E 343

8. *Tabaksdoos met miniatuurportret van Lodewijk Napoleon*
Nederland of Frankrijk
Goud, 9,4 × 5,8 cm, 1806-1810
Rijksmuseum, Amsterdam, NG-2000-2-D

9. *Inktstel van keizer Napoleon Bonaparte met portretminiaturen van Hortense en de prinsen Napoleon Lodewijk en Karel Lodewijk Napoleon*
Martin Guillaume Biennais (1764-1843)
en Jean Baptiste Isabey (1767-1855)
Amboinahout, ebbenhout, zilver,
verguld zilver, 16 × 33 × 12 cm, 1808
Fondation Napoléon, Parijs, 821

10. *Koninklijke Orde van de Unie, grootkruis, versierselen, volgens overlevering gedragen door Lodewijk Napoleon, grootmeester en stichter van de Orde*
Verguld zilver, email, 12 × 7,6 cm,
waarschijnlijk tweede helft 19de eeuw
Musée et Domaine nationaux du
Château de Fontainebleau, N 180

11. *Tabaksdoos met het naamcijfer van Lodewijk Napoleon*
Etienne Lucien Blerzy (werkzaam
1798-1820)
Goud, diamanten, email, 1,9 × 8,7 ×
5,7 cm, 1806-1810
Fondation Napoléon, Parijs, 1061

12. *Tabaksdoos met het naamcijfer van Lodewijk Napoleon*
Frankrijk
Goud, email, 2 × 9,5 cm, ca 1809
Gemeente Steenbergen

13. *Horloge van Lodewijk Napoleon met het opschrift 'Ludovico primo Regi Bataviae' op de wijzerplaat, en de Hollandse leeuw op de achterzijde*
Nederland of Frankrijk
Goud, ivoor, diameter 4,5 cm, 1808
Rijksmuseum, Amsterdam, NG-NM-637

14. *Dameshorloge*
Frankrijk of Zwitserland
Goud, parels, blauw email, diameter
3 cm, ca 1810
Paleis Het Loo Nationaal Museum,
bruikleen Stichting tot Instandhouding
van het Museum van de Kanselarij der
Nederlandse Orden, E 442

15. *Kleinmodel armstoel*
Albert Eeltjes (1751-1836), Den Haag
Mahoniehout, zijde, 74 × 45 × 46 cm,
ca 1807
Koninklijke Verzamelingen, Amsterdam,
KP 4444

LODEWIJK NAPOLEON IN ZIJN ROL ALS KONING

16. *Pamflet, regeringsaanvaarding van Lodewijk Napoleon*
Papier, 40 × 33 cm, 1806
Paleis Het Loo Nationaal Museum,
A 3406

17. *'Constitutie voor het koningrijk Holland'*
Koninklijke Staats-drukkerij, Den Haag,
1806
Papier, 21 × 13 cm, 1806
Paleis Het Loo Nationaal Museum,
2583.1

18. *Voorstelling van een gezelschap, met als onderschrift: '19 junij [1806] Wie had dat ooit kunnen denken dat wij nog door een vreemde koning zouden geregeerd worden. Vandaag wordt zijn majesteit op 't paleis in 't bosch verwagt. Bij Dirkse'*

Christiaan Andriessen (1775-1846)
Gewassen tekening, 45 × 65,5 cm
Koninklijk Oudheidkundig Genoot-
schap, Amsterdam, RWP deVries 104

19. *Portret van Lodewijk Napoleon* [frontispice]
Charles Howard Hodges (1764-1837)
Olieverf op doek, 223 × 147 cm, 1809
Rijksmuseum, Amsterdam, SK-A-653

20. *Borstbeeld van Lodewijk Napoleon* [1]
Pierre Cartellier (1757-1831)
Marmer, 74 × 51 × 34 cm, 1809
Stichting Historische Verzamelingen van
het Huis Oranje-Nassau, Den Haag

21. *Portret van Lodewijk Napoleon* [71]
Louis Charles Ruotte (ca 1785-na 1812),
naar Pierre Cartellier (1757-1831), met
adres van Buffa & Comp., Amsterdam
Gravure, 42,2 × 33,7 cm, 1806
Atlas van Stolk, Rotterdam, S.1800/155

22. *Portret van Hortense* [74]
Jean Baptiste Regnault (1754-1829)
Olieverf op doek, 73 × 59,5 cm, ca 1810
Musée national du château de
Malmaison, MM.40.47.7272

23. *Wapencompositie van Lodewijk Napoleon*
Tekening in kleur op papier, 21,3 × 17,6
cm, 1807
Rijksprentenkabinet, Amsterdam, RP-P-
OO-2931

24. *Beddenpan met gegraveerd wapen van het
Koninkrijk Holland* [21]
Nederland
Mahoniehout, koper, 109 × 30 × 12 cm,
ca 1808
Koninklijke Verzamelingen, Amsterdam,
KP4440

25. *Beddenpan met gegraveerd wapen van het
Koninkrijk Holland* [21]
Nederland
Mahoniehout, koper, 109 × 29,5 × 13 cm,
ca 1808
Koninklijke Verzamelingen, Amsterdam,
KP4441

26. *Portret van Lodewijk Napoleon*
W. Roosing, Aug. Desnoyers,
J.W. Casparie en J. Bogert
Gravure, 34 × 26,4 cm, 1806
Atlas van Stolk, Rotterdam, 6036

27. *Portret van Lodewijk Napoleon te paard*
C. Willemin, L. Carduin, Basset en Evert
Maaskamp (1769-1834), Parijs /
Rotterdam
Aquatint, 35 × 24 cm, 1806
Atlas van Stolk, Rotterdam, 6038

28. *Gezicht op het Paleis op de Dam, met de
aankomst van Lodewijk Napoleon op 20 april 1808*
Ludwig Gottlieb Portman (1772-na
1828), naar Franciscus Andreas Milatz
(1763-1808)
Aquatint, 27 × 37 cm, 1808
Stichting Koninklijk Paleis Amsterdam

29. *Hek van het balkon van het Paleis op de Dam
(fragment)*
Nederland
Verguld ijzer, 74 × 84 × 5 cm, 1808
Koninklijke Verzamelingen, Amsterdam,
KP4442

30. *Twee armstoelen uit de troonzaal van het
Paleis op de Dam*
Joseph Cuel (1763-1846), leverancier te
Amsterdam
Verguld beukenhout, zijde, elk 98 × 64 ×
53 cm, 1808
Koninklijke Verzamelingen, Den Haag,
KP4447-1-3, KP4447-2-3

31. *Drie kransen uit de troonzaal van het Paleis op
de Dam, met de opschriften 'OOSTVRIESLAND',
'BRABANT' en 'AMSTELLAND' (met draperiestok)*
[25]
Nederland
Lindenhout, beukenhout, verguld en
beschilderd, elk bord 81 × 78 × 16,
ca 1808
Paleis Het Loo Nationaal Museum,
KP1015-18c, KP1015-19c, KP1015-21

32. *Voorstelling van het rijtuig dat Lodewijk
Napoleon op 20 april 1808 bij zijn intocht in
Amsterdam gebruikte*
Evert Maaskamp (1769-1834)
Ingekleurde gravure, 12 × 19,5 cm
Atlas van Stolk, Rotterdam, 6102

33. *Middenstuk van een sabeltas van de Garde du
Corps van Lodewijk Napoleon*
Waarschijnlijk Nederland
Wol, linnen, zilverdraad, 25 × 21 × 1 cm,
1809-1810
Kasteel-Museum Sypesteyn, Loosdrecht,
5873

34. *Suikerpot van Hortense met deksel en twaalf
lepels*
Martin Guillaume Biennais (1764-1843)
en Pierre Benoît Lorillon (1757-1816)
Verguld zilver, hoogte 33 cm, diameter
21,2 cm, 1810
Musée du Louvre, Parijs, OA9697

35. *Twaalf tafelcouverts van Hortense*
Martin Guillaume Biennais (1764-1843)
en Pierre Benoît Lorillon (1757-1816)
Verguld zilver, lengte vorken 20,5 cm,
lengte lepels 21,4 cm, waarborg grote
werken 1809-1819
Musée du Louvre, Parijs, OA9616

36. *Bord, versierd met palmetten en het later aan-
gebrachte wapen van de Soeverein Vorst, de latere
koning Willem I* [51]
Martin Guillaume Biennais (1764-1843)
Zilver eerste gehalte, merken:
M.G. Biennais; waarborg grote werken
en association des orfèvres, Parijs, diame-
ter 24,5 cm, 1806-1809
Koninklijke Verzamelingen, Den Haag,
ID30

37. *Bord, versierd met palmetten en het later aan-
gebrachte wapen van de Soeverein Vorst, de latere
koning Willem I*
Diederik Willem Rethmeyer
(1785-1821)
Zilver eerste gehalte, merken:
D.W. Rethmeyer, Amsterdam; jaarletter
'b' (1809), diameter 24,5 cm
Koninklijke Verzamelingen, Den Haag,
ID32

38. *Ovale schaal, versierd met palmetten en het
later aangebrachte wapen van de Soeverein Vorst,
de latere koning Willem I*
Martin Guillaume Biennais (1764-1843)
Zilver eerste gehalte, merken:
M.G. Biennais; waarborg grote werken
en association des orfèvres, Parijs, 40,7 ×
25,7 cm, 1806-1809
Koninklijke Verzamelingen, Den Haag,
ID482

39. *Ovale schaal, versierd met palmetten en het
later aangebrachte wapen van de Soeverein Vorst,
de latere koning Willem I*
Martin Guillaume Biennais (1764-1843)
Zilver eerste gehalte, merken: M.G.
Biennais; waarborg grote werken en association des orfèvres, Parijs, 55 × 34,5 cm,
1806-1809

Koninklijke Verzamelingen, Den Haag,
ID3300

40. *Ovale schaal, versierd met palmetten en het*
later aangebrachte wapen van de Soeverein Vorst,
de latere koning Willem I
Daniël Pijzel (1773-1843)
Zilver eerste gehalte, merken: D. Pijzel,
Den Haag; jaarletter 'c' (1810), 48,5 ×
29,7 cm
Koninklijke Verzamelingen, Den Haag,
ID1096

41. *Ronde schaal, versierd met palmetten en het*
later aangebrachte wapen van de Soeverein Vorst,
de latere koning Willem I
Martin Guillaume Biennais (1764-1843)
Zilver eerste gehalte, merken: M.G.
Biennais; waarborg grote werken en asso-
ciation des orfèvres, Parijs, diameter 34
cm, 1806-1809
Koninklijke Verzamelingen, Den Haag,
ID2470

42. *Ronde schaal, versierd met palmetten en het*
later aangebrachte wapen van de Soeverein Vorst,
de latere koning Willem I
Martin Guillaume Biennais (1764-1843)
Zilver eerste gehalte, merken: M.G.
Biennais; waarborg grote werken en
association des orfèvres, Parijs, diameter
37,7 cm, 1806-1809
Koninklijke Verzamelingen, Den Haag,
ID2468

43. *Ronde schaal, versierd met palmetten en het*
later aangebrachte wapen van de Soeverein Vorst,
de latere koning Willem I
Diederik Willem Rethmeyer
(1785-1821)
Zilver eerste gehalte, merken: D.W.
Rethmeyer, Diemont, Amsterdam; jaar-
letter 'a' (1807-1809), diameter 27,5 cm
Koninklijke Verzamelingen, Den Haag,
ID686

44. *Tafellepel, versierd met het later aangebrachte*
wapen van de Soeverein Vorst, de latere koning
Willem I
Pierre Benoît Lorillon (1757-1816)
Zilver eerste gehalte, merken: P.B.
Lorillon; waarborg grote werken,
21,5 × 4,5 cm, 1806-1810
Koninklijke Verzamelingen, Den Haag,
ID943

45. *Tafellepel, versierd met het later aangebrachte*
wapen van de Soeverein Vorst, de latere koning
Willem I
François Marcus Simons (1750-1828)
Zilver eerste gehalte, merken: F.M.
Simons, Den Haag: jaarletter 'a'
(1807-1809), 21,5 × 4,5 cm
Koninklijke Verzamelingen, Den Haag,
ID944

46. *Tafelvork, versierd met het later aangebrachte*
wapen van de Soeverein Vorst, de latere koning
Willem I
Pierre Benoît Lorillon (1757-1816)
Zilver eerste gehalte, merken: P.B.
Lorillon; waarborg grote werken,
20,5 × 2,8 cm, 1806-1810
Koninklijke Verzamelingen, Den Haag,
ID321

47. *Tafelvork, versierd met het later aangebrachte*
wapen van de Soeverein Vorst, de latere koning
Willem I
François Marcus Simons (1750-1828)
Zilver eerste gehalte, merken: F.M.
Simons, Den Haag: jaarletter 'a'
(1807-1809), 20,5 × 2,8 cm
Koninklijke Verzamelingen, Den Haag,
ID322

48. *Dessertlepel, versierd met het later aangebrach-*
te wapen van de Soeverein Vorst, de latere koning
Willem I
Jean Toulon
Zilver eerste gehalte, merken: J. Toulon,
Parijs (1798-1809); waarborg grote wer-
ken, 18,3 × 3,5 cm
Koninklijke Verzamelingen, Den Haag,
ID2038

49. *Dessertvork, versierd met het later aangebrachte*
wapen van de Soeverein Vorst, de latere koning
Willem I
Jean Toulon
Zilver eerste gehalte, merken: J. Toulon,
Parijs (1798-1809); waarborg grote wer-
ken, 18,3 × 2,5 cm
Koninklijke Verzamelingen, Den Haag,
ID2802

50. *Strooilepel, versierd met het later aangebrachte*
wapen van de Soeverein Vorst, de latere koning
Willem I
Jean Toulon
Zilver eerste gehalte, merken: J. Toulon,
Parijs (1798-1809); waarborg grote wer-
ken, lengte 21,5 cm

Koninklijke Verzamelingen, Den Haag,
ID3045

51. *Ovale schaal*
George Dommer & Comp., Ouder-
Amstel
Porselein, merken: in zwart, boven gla-
zuur Ps Amstm / Amstel, 46,5 × 30,7 cm,
1808
Paleis Het Loo Nationaal Museum,
RL26534

52. *Drie ontwerptekeningen voor munten met de*
beeltenis van Lodewijk Napoleon
Potlood en inkt op papier, (nr. 1):
9 × 8 cm; (nr. 2): 9 × 14 cm; (nr. 3):
10 × 15 cm, ca 1807
Nationaal Archief, Den Haag

53. *Twee gouden dukaten van Lodewijk Napoleon*
Goud, diameter 2,1 cm, 1809-1810
Geld- en Bankmuseum, Utrecht,
1.12.00030, 1.12.00031

54. *Twee zilveren vijftigstuiverstukken van*
Lodewijk Napoleon
Zilver, diameter 3,8 cm, 1808
Geld- en Bankmuseum, Utrecht,
1.12.00056, NM-08716

55. *'Wetboek Napoleon, ingerigt voor het*
Koningrijk Holland 1809'
Koninglijke Staats-drukkerij, Den Haag
Hoogte 23 cm
Koninklijke Bibliotheek, Den Haag,
0139

56. *Verlening van het predikaat 'Koninklijk' aan*
George Dommer & Comp., 16 mei 1808
Inkt op papier, 31,5 × 19,5 cm
Nationaal Archief, Den Haag

57. *Penning ter Beloning van Hollandsche*
Nijverheid, toegekend aan George Dommer &
Comp.
Nederland
Zilver, diameter 6,5 cm, 1808
Rijksmuseum, Amsterdam, BK-NM-1082

58. *Lijst van goederen van Nederlands fabrikaat,*
bestemd voor de in april-mei 1808 te Utrecht ge-
houden Nijverheidstentoonstelling
Inkt op papier, 20 × 31,3 cm
Nationaal Archief, Den Haag

59. *Vaas*
George Dommer & Comp.
Porselein, hoogte 41,5 cm, 1809
Rijksmuseum, Amsterdam, BK-1962-63

60. *Portret van Lodewijk Napoleon*
Ludwig Gottlieb Portman(1772-na
1828), naar O. de Howen
Stippelgravure, 17,5 × 11,7 cm, 1809
Rijksmuseum, Amsterdam, RP-P-OB-
65.673

61. *Lodewijk Napoleon in Leiden na de buskruit-*
ramp [2]
Jan Willem Pieneman (1779-1853), met
adres van J. de Vletter & Comp.,
Aquatint, 65,8 × 84 cm, 1807
Atlas van Stolk, Rotterdam, 6058

62. *Lodewijk Napoleon in de door dijkdoorbraken*
en overstromingen getroffen Betuwe, februari 1809
[3]
Reinier Vinkeles (1741-1816), naar
Hermanus Numan (1744-1820)
Gravure, 25 × 34 cm
Rijksprentenkabinet, Amsterdam,
RP-P-1921-422

63. *'Ceremonieel voor de plegtige intrede van*
Hunne Majesteiten in de residentie. Op Maandag
den 23 Junij 1806'
Papier, 26 × 17 cm
Paleis Het Loo Nationaal Museum,
6242.2

64. *'Étiquette du Palais Impérial'*
Papier, leer, 27,5 × 21,7 cm, 1806
Koninklijke Verzamelingen, Den Haag,
J17-M0148

65. *'Étiquette du Palais Royal année 1806'*
à la Haye / de l'imprimerie royale
Papier, leer, 27 × 22 cm
Paleis Het Loo Nationaal Museum, 9922

66. *Hofsleep, gedragen door Elisabeth Charlotte*
Both Hendriksen-Winter [82]
Nederland
Zijde, imitatie-parels, ca 300 × 165 cm,
tailleband 62 cm, 1809
Centraal Museum, Utrecht, 19760

67. *Modeprent uit* Journal des Dames et des
Modes, *nr. 946*
Ingekleurde gravure, 25 × 15,5 cm, 1809
Centraal Museum, Utrecht, 20277

68. *Proclamatie waarbij Lodewijk Napoleon af-*
stand doet van de regering ten gunste van zijn zoon
Napoleon Lodewijk, onder voogdijschap van
Hortense, Haarlem, 1 juli 1810
Ter Koninklijke drukkerij, Den Haag
Papier, 21,7 × 27 cm
Koninklijke Verzamelingen, Den Haag,
019-065

KONINKLIJKE ORDE VAN DE UNIE

69. *Portret van Lodewijk Napoleon met borstster*
van de Koninklijke Orde van de Unie
L. Rados de Parme, naar François Joseph
Bosio, met adres van de gebroeders
Ubicini, Milaan
Gravure, 77,5 × 52 cm, 1810
Atlas van Stolk, Rotterdam, 43.873

70. *Borstbeeld van Lodewijk Napoleon met deco-*
raties
Manufacture Impériale de Sèvres
Porselein, hoogte 52 cm, 1805
Rijkmuseum, Amsterdam, BK-1966-5

71. *Keten van de Koninklijke Orde van de Unie*
Verguld zilver, email, lengte 85 cm,
waarschijnlijk tweede helft 19de eeuw
Musée et Domaine nationaux du
Château de Fontainebleau, N179

72. *Rekening voor een keten van de Koninklijke*
Orde van de Unie, bestemd voor Lodewijk
Napoleon [46]
Ciovino & Gebr. Truffino, Amsterdam
Inkt op papier, 30,7 × 20, 8 cm, 27 de-
cember 1808
Nationaal Archief, Den Haag

73. *'Eerste Lijnen'* [41]
Mr Hendrik van Wijn (1740-1831)
Inkt op papier, 31,6 × 19,8 cm, 9 juli 1806
Paleis Het Loo Nationaal Museum

74. *Ontwerp voor het instellingsdecreet van de*
Orde van de Unie [31][42]
Inkt op papier, 25,2 × 20,6 cm, juli 1806
Paleis Het Loo Nationaal Museum

75. *Ontwerptekeningen voor het medaillon van de*
voorzijde van het kruis van de Orde van de Unie
[32]
Charles Howard Hodges (1764-1837)
Inkt op papier, 6,4 × 11,1 cm, juli 1806
Paleis Het Loo Nationaal Museum

76. *Schetsen voor het medaillon van de keerzijde*
van het kruis van de Orde van de Unie [33]
Inkt op papier, 8,4 × 10,2 cm, juli 1806
Paleis Het Loo Nationaal Museum

77. *Ontwerptekeningen voor het kruis van de Orde*
van de Unie [34a-b]
Hortense, koningin van Holland
(1783-1837) (toeschrijving)
Potlood op papier, (a): 9,9 × 8,4 cm, (b):
9,8 × 9,1 cm, juli 1806
Paleis Het Loo Nationaal Museum

78. *Vijf genummerde ontwerptekeningen voor het*
kruis van de Orde van de Unie in een omslag
[35a-e]
Jean Baptiste Isabey (1767-1855)
Inkt, potlood en verf op papier, (nr. 1):
6,6 × 5,0 cm; (nr. 2): 7,1 × 5,2 cm; (nr. 3):
6,6 × 5,1 cm; (nr. 4): 5,9 × 5,0 cm; (nr. 6):
5,9 × 5,0 cm, juli 1806
Paleis Het Loo Nationaal Museum

79. *Ontwerptekening voor de voorzijde van het*
kruis van de Orde van de Unie
Potlood op karton, 8,6 × 5,8 cm, augustus
1806
Paleis Het Loo Nationaal Museum

80. *Brief van Lodewijk Napoleon aan Napoleon,*
met ontwerptekening voor de voor- en keerzijde
van het kruis en een borstster van de Orde van de
Unie, 24 augustus 1806 [36]
Jean Baptiste Isabey (1767-1855)
Inkt op papier
Archives Nationales, Centre Historique,
Parijs

81. *Koninklijke Orde van Verdienste, ridder,*
gedragen door mr Jacob van Vredenburch (1744-
1814) [37]
Martin Guillaume Biennais (1764-1843),
naar Jean Baptiste Isabey (1767-1855)
Goud, email, zijde, 4,4 × 4,7 cm, 23,83
gram, 1807
Paleis Het Loo Nationaal Museum,
RL15672

82. *Koninklijke Orde van Verdienste, ridder*
Martin Guillaume Biennais (1764-1843),
naar Jean Baptiste Isabey (1767-1855)
Goud, email, zijde, 4,4 × 4,6 cm, 24,49
gram, 1807
Paleis Het Loo Nationaal Museum,
bruikleen Stichting tot Instandhouding
van het Museum van de Kanselarij van de
Nederlandse Orden, E644

110

83. *Koninklijke Orde van Holland, grootkruis, miniatuur, gedragen door mr Willem Frederik Röell (1767-1835)*
Martin Guillaume Biennais (1764-1843), naar Jean Baptiste Isabey (1767-1855)
Goud, email, zijde, 1,7 × 4,2 cm; 8,76 gram, 1807
Paleis Het Loo Nationaal Museum, bruikleen Stichting tot Instandhouding van het Museum van de Kanselarij der Nederlandse Orden, E43

84. *Koninklijke Orde van Holland, ridder, gedragen door prof. dr Evert Jan Thomassen à Thuessink (1762-1832)*
Martin Guillaume Biennais (1764-1843), naar Jean Baptiste Isabey (1767-1855)
Goud, email, zijde, 4,5 × 4,6 cm, 23,99 gram, 1807
Paleis Het Loo Nationaal Museum, RL 15203

85. *Koninklijke Orde van Holland, ridder [38]*
Martin Guillaume Biennais (1764-1843), naar Jean Baptiste Isabey (1767-1855)
Goud, email, zijde, 4,4 × 4,6 cm, 26,97 gram, 1807
Paleis Het Loo Nationaal Museum, buikleen Geld- en Bankmuseum, Utrecht, X19590002

86. *Koninklijke Orde van de Unie, grootkruis, kruis*
Martin Guillaume Biennais (1764-1843), naar Jean Baptiste Isabey (1767-1855)
Goud, email, zijde, 8,1 × 8,3 cm, 91,78 gram, 1808-1810
Paleis Het Loo Nationaal Museum, bruikleen Stichting tot Instandhouding van het Museum van de Kanselarij der Nederlandse Orden, E161

87. *Koninklijke Orde van de Unie, grootkruis, borstster, gedragen door mr Jan van Styrum (1757-1824), grootthesaurier van de Orde*
Martin Guillaume Biennais (1764-1843), naar Jean Baptiste Isabey (1767-1855)
Zilverdraad, papier, ca 11,7 × ca 11,5 cm, 40,46 gram, 1808-1810
Paleis Het Loo Nationaal Museum, bruikleen Stichting tot Instandhouding van het Museum van de Kanselarij der Nederlandse Orden, E409

88. *Oorkonde van ridder grootkruis in de Koninklijke Orde van de Unie, afkomstig van mr Jan van Styrum (1757-1824), grootthesaurier van de Orde*
Zijde, perkament, zilverdraad, lak, hout, 39,9 × 49,9 cm, 5 april 1809
Paleis Het Loo Nationaal Museum, bruikleen Stichting tot Instandhouding van het Museum van de Kanselarij der Nederlandse Orden

89. *Koninklijke Orde van de Unie, commandeur, kruis, gedragen door Stewart John Bruce (1767-1847)*
Martin Guillaume Biennais (1764-1843), naar Jean Baptiste Isabey (1767-1855)
Goud, email, zijde, 6,1 × 6,2 cm, 51,58 gram, 1808-1809
Paleis Het Loo Nationaal Museum, particulier bruikleen, X19560001

90. *Koninklijke Orde van de Unie, commandeur, borstster*
Zilver, zilverdraad, linnen, ca 9,7 × ca 10,0 cm, 11,67 gram, 1808-1810
Paleis Het Loo Nationaal Museum, RL 15996

91. *Oorkonde van commandeur in de Koninklijke Orde van de Unie, afkomstig van Stewart John Bruce (1767-1847)*
Perkament, 38 × 47 cm, 1808-1809
Paleis Het Loo Nationaal Museum

92. *Koninklijke Orde van de Unie, ridder*
Martin Guillaume Biennais (1764-1843), naar Jean Baptiste Isabey (1767-1855)
Goud, email, zijde, 4,3 × 4,3 cm, 22,63 gram, 1808-1809
Paleis Het Loo Nationaal Museum, bruikleen Rijksmuseum, Amsterdam, X19390003

93. *Koninklijke Orde van de Unie, ridder [39]*
Martin Guillaume Biennais (1764-1843), naar Jean Baptiste Isabey (1767-1855)
Goud, email, zijde, 42,5 × 43,2 cm; 22,63 gram, 1808-1810
Paleis Het Loo Nationaal Museum, bruikleen Rijksmuseum, Amsterdam, X19390002

94. *Koninklijke Orde van de Unie, ridder, barette gedragen door prof. dr Evert Jan Thomassen à Thuessink (1762-1832)*
Martin Guillaume Biennais (1764-1843), naar Jean Baptiste Isabey (1767-1855)

Goud, email, 16,8 × 42,2 cm, 7,24 gram, 1808-1810
Paleis Het Loo Nationaal Museum, RL 15204

95. *Register van de Koninklijke Orde van Verdienste, bijgehouden tot en met 28 mei 1809*
Leer, papier, 32 × 20,5 cm
Paleis Het Loo Nationaal Museum

96. *Register van de Koninklijke Orde van de Unie, bijgehouden tot en met 1 juli 1810*
Leer, papier, 33 × 21,5 cm
Paleis Het Loo Nationaal Museum

97. *Ontwerp voor statuten van de Orde van de Unie, met notities van Lodewijk Napoleon [40]*
Inkt en potlood op papier, 31,4 × 20,1 cm, 1807-1808
Paleis Het Loo Nationaal Museum

98. *Statuten van de Koninklijke Orde van de Unie*
Gebr. Vosmaer, onder opzicht van Gebr. Van Cleef
Zijde, 30,5 × 25,5 cm, 1808
Paleis Het Loo Nationaal Museum, RL 13708

99. *Ontwerp voor een oorkonde voor de Koninklijke Orde van de Unie*
Inkt op papier, 38,5 × 46,5 cm, 1809
Paleis Het Loo Nationaal Museum

100. *Stempels van zegel en contrazegel van de Koninklijke Orde van de Unie in houten kistje*
Hendrik Lageman (1765-1816)
Koper, mahoniehout, diameters 9,5 en 8,0 cm, ca 1807
Paleis Het Loo Nationaal Museum, bruikleen Geld- en Bankmuseum, Utrecht, X19600036

101. *Gravure van de Keten van de Koninklijke Orde van de Unie [45]*
Alphonse Pierre Giraud (1786-1863)
Ingekleurde gravure op perkament, 52 × 38 cm, 1808
Paleis Het Loo Nationaal Museum

102. *Ridder in het kostuum van de Koninklijke Orde van de Unie [44]*
Aquarel op papier, 38,1 × 23,3 cm, 1808-1810
Paleis Het Loo Nationaal Museum, RL 13955

103. *Degen, horende bij het kostuum van de Koninklijke Orde van de Unie, gedragen door mr Cornelis Christiaan van Lidth de Jeude (1777-1858)*
 Ciovino & Gebr. Truffino
 Zilver, ebbenhout, zilverdraad, lengte 97 cm, 1809-1810
 Particuliere verzameling, X19590851

104. *'Het feest van de Orde der Unie, gevierd te Amsterdam den XXV. April MDCCCVIII'*
 Prof. dr Johannes Henricus van der Palm (1763-1840), gedrukt bij Johannes Allart
 Papier, 23 × 14 cm, 1808
 Paleis Het Loo Nationaal Museum, 10.133

105. *Placement bij het derde feest van de Koninklijke Orde van de Unie* [4]
 Inkt op papier, 30,4 × 19,4 cm, september 1809
 Paleis Het Loo Nationaal Museum

106. *'Programme pour la fête de l'Orde de l'Union'*
 Inkt op papier, 32,8 × 21,2 cm, september 1809
 Paleis Het Loo Nationaal Museum

107. *Redevoering uitgesproken door Lodewijk Napoleon op het derde feest van de Koninklijke Orde van de Unie* [47]
 Inkt op papier, 31 × 40,2 cm, vóór 3 september 1809
 Paleis Het Loo Nationaal Museum

108. *Servies met afbeeldingen van het versiersel van de Koninklijke Orde van de Unie, bestaande uit een koffiepot, een thee- of chocoladepot, een melkkan, een suikerpot, een kom en vijf kopjes en schotels*
 Frères Darte (toeschrijving)
 Porselein, 1808-1810
 Paleis Het Loo Nationaal Museum, bruikleen Stichting tot Instandhouding van het Museum van de Kanselarij der Nederlandse Orden, E219-1-10

109. *Portret van mr Gerard Brantsen (1734-1809), grootceremoniemeester en ambassadeur te Parijs*
 Benjamin Wolff (1758-1825)
 Olieverf op doek, 129 × 96 cm, 1803
 Brantsen van de Zyp Stichting, Arnhem, 1482

110. *Portret van Isaäc Jan Alexander Gogel (1765-1821)*
 Mattheus Ignatius van Bree (1773-1839)
 Olieverf op doek, 95 × 75 cm, 1811-1813
 Rijksmuseum, Amsterdam, SK-A-3136

111. *Kostuum van Isaäc Jan Alexander Gogel (1765-1821) met zijn decoraties*
 Waarschijnlijk Nederland
 Zijde, zilverdraad, einde 18de-begin 19de eeuw
 Rijksmuseum, Amsterdam, BK-NM-12170/BK-NM-12172/BK-NM-12174

112. *Koninklijke Orde van Holland, grootkruis, gedragen door Isaäc Jan Alexander Gogel (1765-1821)*
 Martin Guillaume Biennais (1764-1843), naar Jean Baptiste Isabey (1767-1855)
 Goud, email, zijde, 1807-1808
 Rijksmuseum, Amsterdam, NG-NM-12192-A

113. *Koninklijke Orde van de Unie, grootkruis, gedragen door Isaäc Jan Alexander Gogel (1765-1821)*
 Goud, email, zilver, zilverdraad, linnen, karton, 1808-1811
 Rijksmuseum, Amsterdam, NG-NM-12192-B/NG-NM-12195-A en -C

114. *Keizerlijke Orde van de Reünie, grootkruis, versierselen gedragen door Isaäc Jan Alexander Gogel (1765-1821)*
 Goud, email, zijde, zilver, leer, 1811-1813
 Rijksmuseum, Amsterdam, NM-NG-12193-A, NM-NG-12193-B, NM-NG-12196-A en NM-NG-12196-B

115. *Keizerlijke Orde van het Legioen van Eer, versiersel gedragen door Isaäc Jan Alexander Gogel (1765-1821)*
 Goud, email, zijde, 1808-1813
 Rijksmuseum, Amsterdam, NM-NG-12194-A

116. *Miniatuurportret van een commandeur in de Koninklijke Orde van de Unie*
 Waarschijnlijk Nederland
 Aquarel op papier, 6,9 × 5,8 cm, 1807-1810
 Paleis Het Loo Nationaal Museum, bruikleen Stichting tot Instandhouding van het Museum van de Kanselarij der Nederlandse Orden, E420

117. *Koninklijke Orde van Verdienste, medaillon van het ridderkruis, afkomstig van ds. Martinus Stuart* [43]
 Martin Guillaume Biennais (1764-1843) en George (werkzaam 1806-1810)
 Goud, email, diameter 1,9 cm, 5,07 gram, 1807
 Paleis Het Loo Nationaal Museum, RL9190

118. *Twee eretekens voor trouwe dienst in de rang beneden officier, voor 30 en 18 jaar, gedragen door wachtmeester Jacques Halin*
 Wol, zilverdraad, 4,5 cm, 1796-1810
 Paleis Het Loo Nationaal Museum, RL14082, RL14083

119. *Medaille voor daden van dapperheid, zilver, verleend aan Johannes van Barle*
 Zilver, zijde, diameter 4,7 cm, 24,23 gram, 1809
 Paleis Het Loo Nationaal Museum, bruikleen Geld- en Bankmuseum, Utrecht, X19590012

120. *Medaille voor daden van dapperheid, zilver, verleend aan Ferdinand Krieger (1782-1865)*
 Zilver, zijde, diameter 4,8 cm, 26,62 gram, 1809
 Paleis Het Loo Nationaal Museum, bruikleen Geld- en Bankmuseum, Utrecht, X19590011

121. *Portret van Jean Baptiste Dumonceau (1760-1821), graaf van Bergduin, maarschalk van Holland*
 Jean Baptiste Couvelet (1772-1830) en Philippe Auguste Hennequin (1762-1833)
 Olieverf op doek, 210 × 132 cm, 1809
 Koninklijk Nederlands Leger- en Wapenmuseum, Delft, 056865

122. *Portret van mr Maarten van der Goes van Dirxland (1751-1826)*
 Narcisse Garnier
 Olieverf op doek, 29 × 23 cm, 1805
 Paleis Het Loo Nationaal Museum, RL14669

123. *'Tableau des ornements extérieurs et des pieces distinctives de l'Ecu des Grands Dignitaires, Ducs, Comtes, Barons et Chevaliers [...]'* [99]
 Ingekleurde gravure, 27,2 × 26,3 cm, 1808
 Paleis Het Loo Nationaal Museum

124. *Vier wapenschilden voor hertogen, graven, baronnen en ridders*
Jean Henri Simon (1752-1834)
Ingekleurde gravures, 30,5 × 19,2 cm, 1808
Paleis Het Loo Nationaal Museum

125. *Verzoek aan de ridders van de 'Ordre supprimé de l'Union de Hollande' om hun ordetekenen om te wisselen voor versierselen van de Keizerlijke Orde van de Reünie*
Papier, 24,0 × 18,2 cm, oktober 1811
Paleis Het Loo Nationaal Museum

126. *Keizerlijke Orde van de Reünie, grootkruis, kruis*
Goud, email, zijde, 99,4 × 67,8 cm, 91,29 gram, 1811-1813
Paleis Het Loo Nationaal Museum, bruikleen Stichting tot Instandhouding van het Museum van de Kanselarij der Nederlandse Orden, E433

127. *Keizerlijke Orde van de Reünie, grootkruis, borstster gedragen door mr Jan van Styrum (1757-1824)*
Zilver, leer, 97,7 × 96,5 cm, 70,51 gram, 1811-1813
Paleis Het Loo Nationaal Museum, bruikleen Stichting tot Instandhouding van het Museum van de Kanselarij der Nederlandse Orden, E435

128. *Keizerlijke Orde van de Reünie, grootkruis, borstster gedragen door Carel Hendrik VerHuell (1764-1845)*
Zilver, zilverdraad, karton, ca 11,1 × ca 11,8 cm, 36,63 gram, 1811-1813
Paleis Het Loo Nationaal Museum, bruikleen Geld- en Bankmuseum, Utrecht, X19590008

129. *Keizerlijke Orde van de Reünie, ridder, gedragen door ds. Martinus Stuart (1765-1826)* [48]
Goud, email, zijde, 62 × 35 cm, 27,17 gram, 1811-1813
Paleis Het Loo Nationaal Museum, RL9192

FRANSE EMPIRE-STIJL IN DE HOLLANDSE PALEIZEN

130. *Ontwerpen voor een slaapkamer*
Charles Percier (1764-1838) en Pierre François Léonard Fontaine (1762-1835)
Gravure, 15 × 19 cm, na 1801
Museum Boijmans van Beuningen, Rotterdam, L1997/2392(PK)

131. *Ontwerpen voor ornamenten, armstoelen en ledikantonderdelen*
Charles Percier (1764-1838) en Pierre François Léonard Fontaine (1762-1835)
Gravure, 15 × 19 cm, na 1801
Museum Boijmans van Beuningen, Rotterdam, L1997/2393(PK)

132. *Ontwerp voor een cilinderbureau*
Charles Percier (1764-1838) en Pierre François Léonard Fontaine (1762-1835)
Gravure, 15 × 19 cm, na 1801
Museum Boijmans van Beuningen, Rotterdam, L1997/2401(PK)

133. *Paleis Huis ten Bosch*
F.C. Bierweiler (werkzaam 1803-1831), naar Cornelus de Kruyff (1771-1820)
Ingekleurde gravure, 65 × 75 cm, 1815
Koninklijke Verzamelingen, Den Haag

134. *Paleis Het Loo* [14]
F.C. Bierweiler (werkzaam 1803-1831), naar Cornelus de Kruyff (1771-1820)
Ingekleurde gravure, 41 × 58,5 cm, ca 1815
Paleis Het Loo Nationaal Museum, bruikleen Instituut Collectie Nederland, C694

135. *Paleis te Utrecht*
Nederland
Pen in zwart, penseel in kleur op papier, 24,4 × 97,2 cm, 1834
Het Utrechts Archief, 28341

136. *Paleis op de Dam*
Nederland
Aquatint, 22,3 × 27,7 cm, ca 1808
Particuliere verzameling

137. *De Grote Ontvangstzaal van het Paleis op de Dam* [pag. 6]
Nederland
Aquatint, 20,3 × 18,5 cm, ca 1808-1810
Particuliere verzameling

138. *Koninklijk Paviljoen te Haarlem*
Christian Haldenwang, naar Hermanus Petrus Schouten (1747-1822)
Gravure, 48,3 × 64,6 cm, 1792
Noord-Hollands Archief, Haarlem, 53-002710B

139. *Brief van P.L. Huybrechts, inspecteur van de gebouwen van de koning, aan 'tapissier' Kam, Den Haag, 23 februari 1807*
Papier, 23 × 18,5 cm
Paleis Het Loo Nationaal Museum, NS4

140. *Armstoel van het type 'bergère-gondole'* [8]
François Honoré Georges Jacob-Desmalter (1770-1841)
Mahoniehout, brons, zijde (modern), 89 × 70 × 80 cm, ca 1806
Koninklijke Verzamelingen, Amsterdam, KP3971

141. *Stoel van het type 'chaise-gondole'*
François Honoré Georges Jacob-Desmalter (1770-1841)
Mahoniehout, brons, zijde (modern), 84 × 50 × 51 cm, ca 1806
Koninklijke Verzamelingen, Amsterdam, KP3973

142. *Canapé met twee kussens*
François Honoré Georges Jacob-Desmalter (1770-1841)
Mahoniehout, brons, zijde (modern), 83 × 133 × 68 cm, ca 1806
Koninklijke Verzamelingen, Amsterdam, KP3974-1-2

143. *Armstoel*
François Honoré Georges Jacob-Desmalter (1770-1841)
Mahoniehout, brons zijde (modern), 98,5 × 60 × 60 cm, ca 1808
Koninklijke Verzamelingen, Amsterdam, KP3972

144. *Commode* [17]
François Honoré Georges Jacob-Desmalter (1770-1841)
Mahoniehout, brons, marmer, 96 × 137 × 57 cm, ca 1808
Koninklijke Verzamelingen, Amsterdam, KP3936

145. *Armstoel* [20]
Joseph Cuel (1763-1846), leverancier te Amsterdam

Mahoniehout, gedeeltelijk verguld, brons, zijde (modern), 98 × 67 × 68 cm, ca 1808
Koninklijke Verzamelingen, Amsterdam, KP4069

146. *Rustbed met voetenbank en twee rolkussens*
Joseph Cuel (1763-1846), leverancier te Amsterdam
Mahoniehout, brons, zijde, 98 × 220 × 82 cm, 19 × 47 × 39 cm (voetenbank), ca 1808
Koninklijke Verzamelingen, Amsterdam, KP3856

147. *Tafel*
Eduard Muller
Mahoniehout, gedeeltelijk verguld en bronsgeschilderd, marmer, hoogte 85 cm, diameter 114 cm, ca 1808
Koninklijke Verzamelingen, Amsterdam, KP4166

148. *Consoletafel*
Nederland
Mahoniehout, gedeeltelijk verguld en bronsgeschilderd, vurenhout, spiegelglas, marmer, 117 × 216 × 56,5 cm, ca 1808
Koninklijke Verzamelingen, Amsterdam, KP4134

149. *Cilinderbureau* [18]
Carel Breytspraak sr (1769-1810)
Mahoniehout, eikenhout, brons, marmer, 120 × 131 × 75 cm, ca 1808
Koninklijke Verzamelingen, Amsterdam, KP4183

150. *Ledikant met matras met rolkussens, hemel met gordijnen*
J.J. Chapuis (1767-1827)
Mahoniehout, eikenhout, beukenhout, brons, zijde (modern), ledikant 170 × 200 × 138 cm, 1806-1810
Provinciaal Bestuur van Noord-Holland, Haarlem, X20050001

151. *Nachtkastje*
Frankrijk
Mahoniehout, brons, marmer, 96,5 × 38,5 × 33,5 cm, ca 1808
Koninklijke Verzamelingen, Amsterdam, KP3922

152. *Consoletafel* [19]
Eduard Muller

Mahoniehout, gedeeltelijk bronsgeschilderd lindenhout, brons spiegelglas, marmer, 97 × 126 × 46,5 cm, ca 1808
Koninklijke Verzamelingen, Amsterdam, KP4118

153. *Taboeret*
Nederland
Beukenhout, witgelakt en gedeeltelijk verguld, 48 × 50 × 40 cm, ca 1808
Koninklijke Verzamelingen, Amsterdam, KP3951

154. *Armstoel* [16]
Albert Eeltjes (1751-1836)
Mahoniehout, gedeeltelijk verguld, zijde (modern), 95 × 67 × 60,5 cm, 1806-1810
Verzameling De Boer/ Steunenberg

155. *Secretaire* [15]
Nederland
Mahoniehout, gedeeltelijk bronsgeschilderd, eikenhout, brons, marmer, wol, 146 × 91 × 45 cm, 1807-1810
Paleis Het Loo Nationaal Museum, L766

156. *Rekening van Ciovino & Gebr. Truffino voor de pendules voor Paleis Het Loo*
Inkt op papier, 20 × 32 cm, 1809
Koninklijk Huisarchief, Den Haag

157. *Pendule 'Telemachus en Mentor'* [53]
Antoine André Ravrio (1759-1814)
Brons, 62 × 50 × 17 cm, ca 1808
Paleis Het Loo Nationaal Museum, L747

158. *Pendule 'Hector en Andromache'*
Claude Galle (kast)
Brons, marmer, email, 62,5 × 50 × 15 cm, ca 1809
Paleis Het Loo Nationaal Museum, L736

159. *Pendule 'Zege van Telemachus'* [54]
naar Jean André Reiche (1752-1817)
Brons, gedeeltelijk gepatineerd, 45 × 51 × 13 cm, ca 1809
Paleis Het Loo Nationaal Museum, L211

160. *Pendule 'De eed der Horatiërs'* [55]
Frankrijk
Brons, marmer, email, 67,5 × 60 × 21 cm, ca 1808
Koninklijke Verzamelingen, Amsterdam, KP3812

161. *Pendule 'De studie en de lichtzinnigheid'* [56]
Pierre Philippe Thomire (1751-1843) (kast)
Brons, marmer, email, 58 × 63 × 27 cm, ca 1808
Koninklijke Verzamelingen, Amsterdam, KP3813

162. *Pendule 'César'* [52]
Frankrijk
Brons, marmer, email, 81 × 51 × 24 cm, ca 1808
Koninklijke Verzamelingen, Amsterdam, KP3806

163. *Galajapon, met sleep en schoenen, gedragen door Cornelia Johanna Steengracht van Oostcapelle-van Nellesteyn* [81]
Frankrijk, de schoenen Den Haag
Zijde, gouddraad, leer, voorzijde japon 122 cm, ca 1807
Rijksmuseum, Amsterdam, BK-NM-12310-a-b

164. *Papierbehang (fragment)* [9]
Frankrijk
Papier, 357 × 153 × 1,8 cm, 1805-1810
Paleis Het Loo Nationaal Museum, RL26529

165. *Slag bij de Piramiden, 21 juli 1798*
Dirk Langendijk (1748-1805)
Pen en penseel op papier, 56 × 87 cm, ca 1800
Stichting Historische Verzamelingen van het Huis Oranje-Nassau, Den Haag, AT0186

166. *Stel Egyptiserende kandelaars*
Frankrijk
Brons, gedeeltelijk gepatineerd, elk 63,5 × 24 × 16 cm, ca 1808
Koninklijke Verzamelingen, Amsterdam, KP4443

167. *Lichtkroon met olielampen (fragment)*
Jan Jonkers, Hendrik Bosch
Blik, ijzer, glas, hoogte 104 cm, diameter 185 cm, 1809
Koninklijke Verzamelingen, Amsterdam, KP4445-KP4446-1-12/12-12

168. *Stel tafelstukken met kariatiden*
Frankrijk
Brons, elk 89 × 68 × 59 cm, ca 1808

Koninklijke Verzamelingen, Amsterdam,
KP4707

169. *Stel twaalf-lichts kandelabers*
Frankrijk
Brons, elk hoogte 74 cm, diameter 46 cm,
ca 1808
Koninklijke Verzamelingen, Amsterdam,
KP4703

170. *Stel tien-lichts kandelabers*
Frankrijk
Brons, elk hoogte 74 cm, diameter 43 cm,
ca 1808
Koninklijke Verzamelingen, Amsterdam,
KP3970

AANLEG VAN PALEISPARKEN

171. *Ontwerp voor het park van het Huis ten Bosch*
Jan David Zocher sr (1763-1817
Inkt en waterverf op papier, 67,5 ×
248 cm, 1807
Nationaal Archief, Den Haag, VTHR4343

172. *Plattegrond van de tuinen en het park van Paleis Het Loo* [26]
Maximiliaan Jacob de Man (1765-1838)
Potlood en aquarel op papier, 59,5 ×
90,5 cm, 1806
Paleis Het Loo Nationaal Museum,
RL2676

173. *Nieuwe landschappelijke aanleg van het park van Paleis Het Loo, gebaseerd op het ontwerp van Alexandre Dufour (1750-1835), in 1808 uitgevoerd door Johan Philip Posth (1763-1831)* [30]
P. Broekhoven (overleden vóór 1857)
Tekening in potlood en aquarel op papier, 104 × 127 cm, 1812
Nationaal Archief, Den Haag, VTHR467

174. *'Petit Parc' van Paleis Het Loo*
Antoine-Ignace Melling (1763-1831)
Schets in potlood over kwadratuur,
24,7 × 66,5 cm, ca 1820
Paleis Het Loo Nationaal Museum,
RL6046

175. *Ontwerp voor het park van het Koninklijk Paviljoen te Haarlem* [28]
Jan David Zocher sr (1763-1817)
Pen en penseel op papier, 54,2 × 84,6 cm,
1809

Noord-Hollands Archief, Haarlem,
51-000742M

176. *Het park van het Koninklijk Paviljoen te Haarlem, tijdens de aanleg*
Johannes Pieter Visser Bender
(1785-1813)
Aquarel op papier, 33,2 × 52,7 cm, 1809
Noord-Hollands Archief, Haarlem,
53-002853B

177. *Ontwerp voor de uitleg van Assen met een 'Zomer of Jagthuis voor zijne Majesteit den koning'*
Carlo Giovanni Francesco Giudici
(1746-1819)
Pen en penseel in zwart, rood, groen en geel op papier, 200,3 × 82,7 cm, 1809
Drents Archief, Assen, OSA1553-A.43/35

DE PALEISKAPEL

178. *Plattegrond van het Paleis op de Dam te Amsterdam, met kapel, uit:* Almanac de la cour pour l'année 1809 [88]
E. Maaskamp, te Amsterdam
Papier, 11 × 8 cm
Paleis Het Loo Nationaal Museum,
B.3212

179. *Gebedenboek van Lodewijk Napoleon, met zijn gekroond naamcijfer*
Bij Van Ackere, te Lille
Papier, marokijn in goud, 17 × 10,5 cm,
ca 1805
Universiteitsbibliotheek, Maastricht,
MU KAA024

180. *Altaarkruis* [22]
Johan Snoek (ca 1736-werkzaam tot 1815)
Zilver op eikenhouten kern, merken: vis in liggend ovaal (meesterteken van), ovaal schild met diagonale balk (stadsteken van Utrecht 1807-1809), jaarletter 'a' (7 oktober 1807 tot 18 maart 1809), hoogte 136 cm
Bisdom Haarlem

181. *Zes altaarkandelaars* [23]
Johan Snoek (ca 1736-werkzaam tot 1815)
Zilver, merken: vis in liggend ovaal (meesterteken van), ovaal schild met diagonale balk (stadsteken van Utrecht

1807-1809), jaarletter 'a' (7 oktober 1807 tot 18 maart 1809) , elk exemplaar hoogte zonder spits zonder spits 99 cm
Schatkamer Kathedrale Basiliek Sint Bavo. Museum voor Kerkelijke Kunst, Haarlem, SKKN-22

182. *Wierookvat* [24]
Johan Snoek (ca 1736-werkzaam tot 1815)
Zilver, merken: vis in liggend ovaal (meesterteken van), ovaal schild met diagonale balk (stadsteken van Utrecht 1807-1809), jaarletter 'a' (7 oktober 1807 tot 18 maart 1809), hoogte 28 cm
Schatkamer Kathedrale Basiliek Sint Bavo. Museum voor Kerkelijke Kunst, Haarlem, SKKN-14

183. *Beugelkroontje*
Nederland
Zilver, hoogte 8,2 cm, diameter 7,8 cm,
ca 1808
Schatkamer Kathedrale Basiliek Sint Bavo. Museum voor Kerkelijke Kunst, Haarlem, SKKN-31

184. *Koorkap behorend bij het 'Keizerstel'*
Nederland
Zilver- en gouddraad, zijde, messing, email, 144 × 55 cm, begin 19de eeuw
Schatkamer Kathedrale Basiliek Sint Bavo. Museum voor Kerkelijke Kunst, Haarlem, SKKN-209

185. *Ontwerp voor een gekoepelde dubbelkerk voor rooms-katholiek en protestants gebruik, vooraanzicht*
Friedrich Ludwig Gunkel (1743-1835)
Ingekleurde tekening, 61,5 × 46,7 cm,
1810
Paleis Het Loo Nationaal Museum, bruikleen Nederlands Architectuurinstituut, Rotterdam, X19930004

186. *Ontwerp voor een gekoepelde dubbelkerk voor rooms-katholiek en protestants gebruik, doorsnede*
Friedrich Ludwig Gunkel (1743-1835)
Ingekleurde tekening, 61,5 × 46,7 cm,
1810
Paleis Het Loo Nationaal Museum, bruikleen Nederlands Architectuurinstituut, Rotterdam, X19930004

187. *Ontwerp voor een gekoepelde dubbelkerk voor rooms-katholiek en protestants gebruik, plattegrond*
Friedrich Ludwig Gunkel (1743-1835)
Ingekleurde tekening, 61,5 × 46,7 cm, 1810
Paleis Het Loo Nationaal Museum, bruikleen Nederlands Architectuurinstituut, Rotterdam, X19930004

VERMAAK AAN HET HOF

188. *'Marie, ou les Hollandoises'* [6]
Lodewijk Napoleon, koning van Holland (1778-1846), roman in 3 delen, tweede editie Parijs 1814, eerste druk 1812
Koninklijke Bibliotheek, Den Haag

189. *Aquarelkist van Hortense met het devies* '*FORTUNA INFORTUNA FORT.UNA.*'
Frankrijk
Mahoniehout, parelmoer, brons, kristal, zijde, 10 × 39,5 × 37 cm, na 1810
Musée national du château de Malmaison, MM40-47-7006/7009/7010

190. *'Vue prise de Saint-Leu'* [95]
Hortense, koningin van Holland (1783-1837)
Inkt op papier, 7,6 × 12,2 cm, begin 19de eeuw
Musée national du château de Malmaison, MM48.13.227

191. *'St Leu / Tombeau du père de Napoléon'* [95]
Hortense, koningin van Holland (1783-1837)
Inkt op papier, 12,2 × 7,6 cm, begin 19de eeuw
Musée national du château de Malmaison, MM48.13.227

192. *Interieur in gotische stijl* [96]
Hortense, koningin van Holland (1783-1837)
Aquarel op papier, 12,5 × 18,3 cm, 1807
Musée national du château de Malmaison, MM40-47-2016

193. *Handwerkcassette van Hortense*
Pierre Dominique Maire (ca 1763-1827)
Mahoniehout, parelmoer, leer, kristal, brons, 9,5 × 23 × 12 cm, 1809-1814
Fondation Napoléon, Parijs, 583

194. *Speldenkussen van Hortense*
Zijde, diameter 15 cm, begin 19de eeuw
Musée national du château de Malmaison, NM4047996

195. *Lotto Dauphin-spel* [11]
Nederland of Frankrijk
Mahoniehout, koper, parelmoer, been, ivoor, 52,5 × 30,5 × 33,5 cm, 1806-1810
Paleis Het Loo Nationaal Museum, L3116

196. *Kegelspel*
Nederland
Mahoniehout, ijzer, katoen, 46,5 × diameter 22 cm, 1806-1810
Paleis Het Loo Nationaal Museum, RL13732

197. *Kwintet uit de opera* Cosi fan tutte*, Wolfgang Amadeus Mozart, met het wapen van Lodewijk Napoleon*
Papier, 15 × 19 cm, ca 1800
Koninklijke Verzamelingen, Den Haag, K36-0048

198. *Album met romances, op muziek gezet door Hortense, met gekroond naamcijfer*
Hortense, koningin van Holland (1783-1837)
Leer, papier, 19,5 × 25,5 cm, 1813
Musée national du château de Malmaison, MM40-47-7020

199. *Album met romances, op muziek gezet door Hortense, met naamcijfer en portret van Hortense*
Hortense, koningin van Holland (1783-1837) en Jean Baptiste Isabey (1767-1855)
Leer, papier, 18,5 × 24 cm, ongedateerd
Fondation Napoléon, Parijs, B5330

200. *'Traité d'harmonie', boekband uit de muziekbibliotheek van Lodewijk Napoleon, afkomstig van het Conservatoire de Musique te Parijs, met naamcijfer* [86]
Charles Simon Catel (1773-1830)
Leer, papier, 42 × 29,5 × 2 cm, ca 1802
Koninklijke Verzamelingen, Den Haag, K07-0007c

201. *Portret van Charles Henri Plantade (1764-1839)* [87]
Antoine Achille Bourgeois de la Richardière (geboren 1777), naar Antoine Paul Vincent (overleden 1812)
Gravure, 19 × 16 cm, 1806
Rijksprentenkabinet, Amsterdam, RP-P-1910-4691

202. *Tafelpiano* [91]
Meincke Meijer en Pieter Meijer
Mahoniehout, koper, ebbenhout, ivoor, ijzer, 85 × 58,5 × 165 cm, ca 1809
Koninklijke Verzamelingen, Amsterdam, KP3898

203. *Dwarsfluit* [89]
Claude Laurent (werkzaam 1805-1848)
Kristal, zilver, lengte 68,4 cm, diameter 2,7 cm, 1807
Rijksmuseum, Amsterdam, NG-475

204. *Plattegrond van de oostvleugel van Paleis Het Loo, met de schouwburg* [12]
C. Hooiberg
Inkt en dekkende verf op papier, geplakt op linnen, 42,5 × 91 cm, 1811
Paleis Het Loo Nationaal Museum, RL3268

205. *Portret van de acteur Andries Snoek (1766-1829), in de rol van Orestes*
Gravure in kleur (proefdruk) door Willem van Senus (1772-1851), naar Jan Kamphuijsen (1760-na 1841), naar een schilderij van Charles Howard Hodges (1764-1837), 72 × 56,5 cm, eerste kwart 19de eeuw
Theater Instituut Nederland, Amsterdam, G415

206. *Portret van acteur François Joseph Talma (1763-1826) in de rol van Nero*
Gravure door Parfait Augrand (geboren 1782), naar Muneret (werkzaam 1804-1810)
Papier, 22 × 17,3 cm, eerste kwart 19de eeuw
Theater Instituut Nederland, Amsterdam, G78

Bibliografie

Adriaans, H., S. Kuus, *De verzamelingen van het Centraal Museum Utrecht*, deel II, *Mode en kostuums* (Utrecht 1996)

Albers L., H. Pemmelaar, *Amelisweerd en Rhijnauwen* (Utrecht 1983) (= *Historische Reeks Utrecht*, deel 2)

Arntzenius, R.H., *Dichterlijk tafereel der stad Leijden* [...] (Den Haag 1807)

Bank, J., F. Julius e.a., *Oranje en de muziek*, cat. tent. Koninlijk Paleis (Amsterdam 1999)

Barjesteh van Waalwijk van Doorn, L.A.F., F.J. van Rooijen (red.), *Tussen vrijheids-boom en oranjewimpel. Bijdragen tot de ge-schiedenis van de periode 1795-1813* (Rotterdam 1995)

Baumann, D., 'La reine Hortense et la mu-sique', in: *La Reine Hortense. Une femme artiste*, B. Chevallier et al. (red.), cat. tent. Château Malmaison, Rueil-Malmaison (Parijs 1993), pp. 21-23

Berg, W. van den, 'Een royale kijk op Holland', in: Idem, *Een bedachtzame beel-denstorm. Beschouwingen over de letterkunde van de achttiende en negentiende eeuw* (Amsterdam 1999), pp. 329-341

Bergvelt, E.S., *Pantheon der Gouden Eeuw. Van Nationale Konst-Gallerij tot Rijksmuseum van Schilderijen (1798-1896)* (Amsterdam 1998)

Bienfait, A.G., *Oude Hollandsche tuinen* (Den Haag 1943)

Bilderdijk, W., M. Siegenbeek, *Leydens ramp* (Amsterdam 1808)

Bilderdijk-Schweickhardt, K.W., *De over-strooming. Treurzang* (Amsterdam 1809)

Brugmans, H., *Van raadhuis tot paleis. Documenten betreffende de overgang van het Amsterdamsche stadhuis tot Koninklijk Paleis verzameld door prof.dr. H. Brugmans*, Genootschap Amstelodamum (Amsterdam 1913)

Brummel, L., 'De zorg voor kunsten en we-tenschappen onder Lodewijk Napoleon', *Publicaties van het genootschap voor Napoleontische studiën*, afl. 1 (december 1951), pp. 11-26

Brummel, L., 'Lodewijk Napoleon en het Koninkrijk Holland', in: cat. tent. *Lodewijk Napoleon en het Koninkrijk Holland*, Rijksmuseum Amsterdam, 1959

Cat. tent. *Empire in het Paleis. De inrichting van het Paleis op de Dam te tijde van Lodewijk Napoleon*, Koninklijk Paleis, Amsterdam, samenst. E. Fleurbaay (Amsterdam 1983)

Cat. tent. *Lodewijk Napoleon en het Koninkrijk Holland*, Rijksmuseum Amsterdam, 1959

Chaudonneret, M.C., 'Hortense peintre et dessinateur', in: *La reine Hortense. Une femme artiste*, B. Chevallier et al. (red.), cat. tent. Château Malmaison, Rueil-Malmaison (Parijs 1993), pp. 41-62

Colenbrander, H.T., *Schimmelpenninck en koning Lodewijk* (Amsterdam 1911)

Coppens, T., *Hortense, de vergeten koningin van Holland* (Amsterdam 2006)

Driessen, A.M.A.J., *Watersnood tussen Maas en Waal. Overstromingsrampen in het rivieren-gebied tussen 1780 en 1810* (Zutphen 1994)

Dubosq, A., *Louis Bonaparte en Hollande, d'après ses lettres, 1806-1810* (Parijs 1911)

Elias, A.M. (ed.), *Een minister op dienstreis. W.F. Röell per koets door Frankrijk* (Haarlem 1978)

Étiquette du Palais Imperial pour l'année 1806 (Parijs 1806)

Étiquette du Palais Royal pour l'année 1806 (Den Haag 1806)

Evers, G.A., 'Koning Lodewijk's tooneel-inrichting op Het Loo', in: *Het Huis Oud & Nieuw*, 1916, nr. 3, pp. 76-89

[Frederiks, K.J.], 'Inleiding', *Publicaties van het genootschap voor Napoleontische studiën*, (december 1951), afl. 1, pp. 7-9

[Garnier, A.], *La cour de hollande sous le règne de Louis Bonaparte par un auditeur* (Parijs / Amsterdam 1823)

[Garnier, A.], *Mémoires sur la cour de Louis Napoléon et sur la Hollande* (Paris 1828)

Gedenkschriften van de Koninklijke Orde der Unie voor de jaren 1807, 1808 en 1809 (Amsterdam 1810)

Geyl, P., *Napoleon. Voor en tegen in de Franse geschiedschrijving* (Utrecht 1965²)

Ghering van Ierlant, M.A., *Mode in prent (1550-1914)*, cat. tent. Nederlands Kostuummuseum (Den Haag 1988)

Girardin, S. de, *Souvenirs*, 4 dln. (1820)

Grijzenhout, F., 'Tempel voor Nederland. De Nationale Konst-Gallerij in 's-Gravenhage', in: *Het Rijksmuseum. Opstellen over de geschiedenis van een natio-nale instelling* (Weesp 1985), pp. 1-75 (= *Nederlands Kunsthistorisch Jaarboek* 35)

Grijzenhout, F., *Een Koninklijk Museum. Lodewijk Napoleon en het Rijksmuseum 1806-1810* (Zwolle 1999)

Haaksma, R., 'Nieuw Amelisweerd', in: B. Olde Meierink et al. (red.), *Kastelen en ridderhofsteden in Utrecht* (Utrecht 1995), pp. 108-113

Ham, G. van der, *200 jaar Rijksmuseum. Geschiedenis van een nationaal symbool* (Zwolle 2000)

Hibbert, C., *Napoleon. His wives and women* (Londen 2002)

Hoeven, M. van der, *Van de Weser tot de Weichsel. Het leger van het Koninkrijk Holland en de Duitse veldtochten van Napoleon 1806, 1807 en 1809* (Amsterdam 1994)

Huisken, J.E., *'s Konings Paleis op den Dam. Het Koninklijk Paleis op de Dam historisch gezien* (Abcoude 1989)

Journal des Dames et des Modes 1809-1810

Knappert, L., *De ramp van Leiden – 12 januari 1807 – na honderd jaar herdacht* (Schoonhoven 1906)

Knuttel, W.P.C., *Catalogus van de pamfletten-verzameling, berustende in de Koninklijke Bibliotheek*, 9 dln. (Den Haag 1889-1920; herdr. Utrecht 1978)

Lodewijk Napoleon, *Documens historiques et réflexions sur le gouvernement de la Hollande, par Louis Bonaparte, ex-roi de Hollande*, 3 dln. (Parijs 1820)

Loonstra, M., *Het huijs int bosch. Het Koninklijk paleis Huis ten Bosch historisch gezien* (Zutphen 1985)

Lunsingh Scheurleer, Th.H., 'De inrichting van het Koninklijk Paleis te Amsterdam onder Lodewijk Napoleon', *Publicaties van het genootschap voor Napoleontische studiën*, afl. 4 (juni 1953), pp. 243-258 en afl. 7 (februari 1955), pp. 25-37

Lunsingh Scheurleer, Th.H. et al., *Het Rijksmuseum 1808-1958. Gedenkboek uitgegeven ter gelegenheid van het honderdvijftigjarig bestaan* (Den Haag 1958)

Luttervelt, R. van, 'Herinneringen aan de Bonapartes in het Rijksmuseum', *Publicaties van het genootschap voor Napoleontische studiën*, afl. 13 (september 1961), pp. 545-578

Maaskamp, E. (ed.), *Elegantia, of tijdschrift van mode, luxe en smaak voor dames,* (Amsterdam, januari 1807-juni 1810)

Maaskamp, E. (ed.), *Almanac de la Cour pour l'année 1809* (Amsterdam 1809)

Masson, F., *Napoléon intime* (herdr. Parijs 1977)

Masson, F., *Napoléon et sa famille*, 13 dln. (Parijs 1897)

Mémoires de la Reine Hortense, publiés par le prince Napoléon, 3 dln. (Parijs 1927)

Moes, E.W., E. van Biema, *De Nationale Konst-Gallery en het Koninklijk Museum* (Amsterdam 1909)

Oldenburger-Ebbers, C.S., E. Backer, E. Blok, *Gids voor de Nederlandse tuin- en landschapsarchitectuur*, deel 3, *West* (Rotterdam 1998)

Ottomeyr, H., P. Pröschel et al., *Vergoldete Bronzen – Die Bronzearbeiten des Spätbarock und Klassicismus*, 2 dln. (München 1986)

Overmeire, G., *Louis Drouet: 1792-1873* (Utrecht 1989, ongepubliceerde doctoraalscriptie muziekwetenschappen)

Peters, C.H., *Kort geschiedkundig overzicht van het paleis "Het Loo" met bijbehoorend park* (Den Haag 1914)

Poésies du comte de Saint-Leu, 2 dln. (Florence 1831)

Pool-Stofkoper, E. van der, 'Verwachting en werkelijkheid: parken en tuinen van het domein Welgelegen in de periode 1808-1832', in: L.H.M. Quant et al. (red.), *Paviljoen Welgelegen 1789-1989* (Haarlem 1989), pp. 123-138

Pougetoux, A., 'Inspiration et renommée; les romances de la reine Hortense dans leur epoque', in: *La Reine Hortense. Une femme artiste*, cat. tent. Musée national du château de Malmaison, 1993, pp. 24-29

Presser, J., *Napoleon. Historie en legende* (Amsterdam / Brussel 1960[3])

Quarles van Ufford, C.C.G., *Frédéric Faber (1782-1844): koninklijk porselein uit het Verenigd Koninkrijk der Nederlanden* (Leiden 2004)

Quarles van Ufford, C.C.G., 'De protectie van de fabriek van Amstelporselein door koning Lodewijk Napoleon (1806-1810)', in: *Vormen uit Vuur. Mededelingenblad van de Nederlandse Vereniging van ceramiek en glas*, nr. 193 (2004-2005), pp. 15-30

Rem, Paul, 'De hofkapel in de Hollandse paleizen van Lodewijk Napoleon', in: *Nederlands Kunsthistorisch Jaarboek*, deel 56 (Zwolle 2006), ter perse

Rémusat, P. de, *Mémoires de Madame de Rémusat, 1801-1808*, 3 dln. (Parijs 1880)

Rijken, H., 'Nederlandse fortepiano's', *Antiek* 27 (1992-1993), nr. 6, pp. 291-299

Rijken, H., 'Fortepiano's in Nederland', *Antiek* 28 (1993-1994), nr. 3, pp. 20-25

Rocquain, F., *Napléon Ier et le roi Louis après les documents conservés aux Archives Nationales* (Parijs 1875)

Roegholt, R., 'Driehonderd jaar Plantage', in: *Wonen en wetenschap in de Plantage. De geschiedenis van een Amsterdamse buurt in driehonderd jaar* (Amsterdam 1982)

Sanders, G,P., 'De ridderorden van Lodewijk Napoleon', in: *Nederlands Kunsthistorisch Jaarboek*, deel 56 (Zwolle 2006), ter perse

Sas, N.C.F. van, 'Barbarisme of beschaving. Rondom de stichting van een nationale bibliotheek in 1798', *Jaarboek voor Nederlandse boekgeschiedenis* 4 (1997), pp. 57-74

Schutte, O., *De Orde van de Unie* (Zutphen 1985)

Sprenkels-Ten Horn, J., 'De pianoforte "en forme de clavecin" van Hortense, Koningin van Holland' *Antiek* 21 (1986), nr. 5, pp. 291-296

Springer, L.A., *Tuinarchitect, dendroloog* (Breda 2002)

Stalins, J.L., *Ordre impérial de la Réunion* (Parijs 1958)

Swighem, C.A. van, *Abraham van der Hart, 1747-1820, architect, stadsbouwmeester van Amsterdam* (Amsterdam 1965)

Thouin, A., *Voyage dans la Belgique, la Hollande et l'Italie par feu André Thouin de l'Institut de France et du Museum d'Histoire Naturelle, rédigé par le baron Trouvé*, 1 (Paris 1841)

Tromp, H., *Het koninklijk Paleis Soestdijk historisch gezien* (Zutphen 1987)

Tulard, J. (red.), *Le Sacre de l'empereur Napoléon. Histoire et légende* (Parijs 2004)

Wyck, H.W.M. van der, *Atlas Gelderse Buitenplaatsen* (Alphen aan den Rijn 1988)

Wijnands, D.O., E.J.A. Zevenhuizen, J. Heniger, *Een sieraad voor de stad* (Amsterdam 1994)

Zaal, W. (red.), *Lodewijk Napoleon, koning van Holland, Gedenkschriften* (Amsterdam 2005[2])

Zelm van Eldik, J.A. van, *Moed en deugd. Ridderorden in Nederland. De ontwikkeling van een eigen wereld binnen de Nederlandse samenleving*, 2 dln. (Zutphen 2003)

Register